幸福婚姻手账

小刀老师——著

中国纺织出版社有限公司

内 容 提 要

婚姻是一本幸福的手账,每一页都诉说着我们的欢笑与泪水,每一章都承载着我们的爱与承诺。初识婚姻、婚前应知应会、婚中经营、婚后守护和婚姻驿站,婚姻的每一个阶段都值得我们用心书写,用爱诠释。

女性幸福力导师小刀老师带你剖析婚姻家庭的底层逻辑,深入浅出地分析婚姻关系中的常见问题。同时通过引入大量婚姻生活中的案例,并配以婚姻答题卡、婚姻质量评价测试,帮助读者重新构建属于自己婚姻的认知,摆脱婚姻中的焦虑、不安与困扰,走进充满温情与智慧的幸福婚姻世界。

图书在版编目(CIP)数据

幸福婚姻手账 / 小刀老师著. --北京:中国纺织出版社有限公司,2024.4
ISBN 978-7-5229-1531-9

Ⅰ.①幸⋯ Ⅱ.①小⋯ Ⅲ.①婚姻-通俗读物 Ⅳ.
①C913.13-49

中国国家版本馆CIP数据核字(2024)第060985号

责任编辑:向连英　　特约编辑:武亭立
责任校对:寇晨晨　　责任印制:储志伟

中国纺织出版社有限公司出版发行
地址:北京市朝阳区百子湾东里A407号楼　邮政编码:100124
销售电话:010—67004322　传真:010—87155801
http://www.c-textilep.com
中国纺织出版社天猫旗舰店
官方微博 http://weibo.com/2119887771
天津千鹤文化传播有限公司印刷　各地新华书店经销
2024年4月第1版第1次印刷
开本:880×1230　1/32　印张:7
字数:115千字　定价:68.00元

凡购本书,如有缺页、倒页、脱页,由本社图书营销中心调换

推荐序一

愿婚姻如我所愿

小刀老师其人一点不像其名，因为他很阳光、很温柔，并不会给人扎刀子。倒是我，名字听起来柔情蜜意，却常常被人形容为"一针见雪"。他的风格似和煦春风，但有自己独立的观点，从不人云亦云。我的风格单刀直入，但其实内心丰富、细腻而敏感。我们各自都在经营着自己还算幸福的婚姻，是的，"经营"，每种关系都需要经营，而每个人经营婚姻的方式都万变不离其宗。

我曾不止一次思考过婚姻这个问题，人性就是多变的，见异思迁的，要一个人对另一个人从一而终，这实在太难了！但是你有没有发现，这世上一切美好都是需要克服人性中的阴暗面才能获得的。比如无私、正直、忠诚、大爱、勤奋。做一个好人比做一个坏人难太多了！

那我们为什么还要做一个好人呢？其实对于好人来说，这不需要理由，与生俱来认为就应该这么做。所以婚姻也是如此，有的人想要"万花丛中过，片叶不沾身"的"自由"，而有的人就想要"执子之手，与子偕老"的隽永。

很多人说爱情与婚姻不可兼得，婚姻和爱情是两码事，甚至说婚姻是爱情的坟墓。若是那样，我想那种"爱情"本身就是存疑的。喜欢是看到对方的优点之后想靠近，爱情是看到对方的缺点之后会心疼。若是带着获利心态只贪图对方的好处，那么这种"爱情"本身也不纯粹了，当婚姻的现实问题涌来，这种"爱情"就会被葬送。

我看过小刀老师的书不止一本，看得出他是把爱情和婚姻统一了的人。我从小就非常坚定地认为，长大后只能嫁给彼此真心相爱的人，我不能接受凑合过日子的婚姻，更不能接受利益交易式的婚姻。

愿这世间少一份"此情可待成追忆，只是当时已惘然"的遗憾，不再有"等闲变却故人心，却道故人心易变"的伤感，愿所有兰因絮果的故事都变成双宿双飞的美满协奏曲，愿万家灯火里的每一盏都能照耀着家的温暖，愿一切如我所愿……

点石成精品牌咨询公司创始人、中国品牌咨询行业年度人物

万雪

2023年11月

推荐序二

爱是一种能力，
爱应该成为国民素质

前几天我接到小刀老师的电话，他热情地邀请我为即将出版的新书《幸福婚姻手账》作序。说实话，我一辈子做什么事情都很要强，可以把小天鹅火锅店做成知名品牌，也可以把洪崖洞经营得红红火火，但是为情感作家的新书作序，还是第一次。

小刀老师是我很尊敬的一位情感作家，他不仅出版了十多本婚恋情感方面的书，还在全国各地主讲幸福课，做的是很有社会意义的事情。所以，我很高兴接受这份邀请，为他的新书作序。

我今年刚好70岁,与先生已经携手走过47年。我们这一代人普遍自立自强,对婚姻、家庭的观念也很传统。一路走来,我和先生互敬互爱、携手奋斗,如今在事业、家庭、子女教育等各方面都非常成功,岁数越大,越感觉幸福。

我把夫妻的感情分成三种:

第一种是好朋友的感情。夫妻应该是最好的朋友,可以互相懂得、互相信任,可以无话不说,可以携手做事。

第二种是母子般的感情,父女般的感情。你说天下哪有母亲不原谅儿子的?现在很多女人特别要求完美,只要发现对方有一点点毛病,就和对方不欢而散,甚至最后以离婚收场。其实,夫妻相处需要多一些包容和理解。我经常说,年轻时候我真的是把老公当儿子一样对待,我一直坚信,人心换人心,有爱的付出就有爱的回报。我老公是怎样来回报我的呢?我40岁出车祸,前前后后做了10次大手术,能够熬过来真是不容易啊。我老公在那么艰难的时期一句怨言也没有,就是默默地照顾我、陪伴我、鼓励我。

第三种是知己的默契和成全。我们这辈子有缘走到一起,要惺惺相惜,要携手创造幸福,要成就人生的精彩。一生的岁月那么漫长，幸福婚姻不是找到更好的人，而是如何去做一个更好的自己，去带动和影响另一个人变得更好。婚姻，不是一件简单的事情，也不是一件想撂挑子就撂挑子的事情。既然选择了爱，选择了走进婚姻，两个人就一定要互相谦让和理解，有情有义，才能把婚姻经营得幸福美满。

当然，在这个过程中，也要感谢小刀老师的智慧加持。记得2016年春天，我组织重庆很多优秀的姐妹们一起参加小刀老师"爱循环·幸福婚恋"的专业课程，我还做了"幸福的班长"，真的非常受益。从那以后，我和小刀老师在重庆一起发起了很多场幸福课程和读书会，帮助更多人提高经营幸福婚姻的能力。

小刀老师经常说，爱是一种能力，爱应该成为国民素质。爱的问题不解决，人们就很难真正幸福。我们就算赢了所有的生意，也抵消不了婚姻失败带来的伤害和痛苦。目前社会上出现的大龄单身、不婚不育、高离婚率等问题，和人们不懂爱、不会爱、不懂婚姻之道、不懂家庭责任有直接关系。谁在谈恋爱之前考过资格证？谁在结婚之前、生孩子之前考过资格证？

所以，为了提高爱的能力，为了美好生活，我们需要补课啊！小刀老师的这本新书《幸福婚姻手账》就是很好的学习和成长手册，可以成为专业且有效的幸福婚姻指南。

预祝小刀老师的新书大卖！

祝愿天下所有的婚姻都幸福，祝愿你我共建幸福中国！

小天鹅投资控股集团创始人、重庆洪崖洞洞主

何永智

2023年11月20日

推荐序三

为婚姻注入更多理性思考

多年前我有幸与小刀相识，小刀以其卓越的婚恋导师和情感作家身份引起了我的关注。他深谙婚姻的奥秘，让我深受启发。

小刀的讲座不仅深刻剖析了婚姻的本质，还引导我们超越传统观念，思考婚姻在当代社会的多元价值。他的言辞充满智慧，为我们提供了珍贵的心灵食粮，使婚姻不再是抽象的概念，而成为我们共同奋斗的目标。我们的相识成为婚姻家庭工作委员会与小刀合作的契机，致力于深度思考婚姻与家庭的内涵，为广大读者呈现一本关于幸福婚姻的精彩之作。愿在小刀的引领下，我们能够为婚姻注入更多理性思考，实现个体与社会的和谐发展。

今天，我作为中国社会工作联合会妇女与婚姻家庭工作委员会总干事，怀揣深厚的责任感，为《幸福婚姻手账》一书撰写序言。在这段文字中，我将结合我的工作内容、委员会的职责，以及对婚姻家庭的深度思考，与您共同深入探讨婚姻的内涵及其在当代社会的多元价值。

婚姻的社会责任

婚姻，是一份超越两个个体的契约，更是社会结构的支撑，承载着深远而重大的社会责任。

婚姻是社会和谐的推动者。稳定的家庭关系，为社会创造了稳定的基础。这本书深入探讨了婚姻如何促进社会关系的和谐，为社会提供稳定的人际基石，从而为社会的发展和繁荣作出贡献。

婚姻是社会责任感的培养者。婚姻培养了个体对社会的责任感，使个体更积极地参与社会事务。这本书带领我们深入思考婚姻如何激发个体对社会的责任感，促使他们更主动地投入社会活动，为社会的进步贡献一份力量。

婚姻是社会文化传承的桥梁。在家庭关系中代代相传的价值观被传递给下一代。我作为委员会一员，深知婚姻对社会文化的传承和延续的重要性。本书带领我们深入探讨了婚姻如何

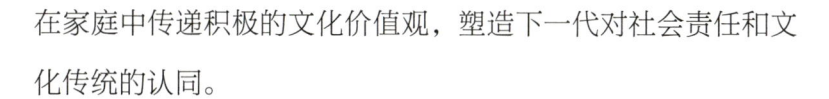

在家庭中传递积极的文化价值观，塑造下一代对社会责任和文化传统的认同。

婚姻的个体价值

婚姻并不仅仅是两颗心的相遇，更是个体成长中不可或缺的一部分，承载着丰富而深刻的个体价值，那么婚姻如何在个体生活中发挥其独特作用，展现其价值呢？

婚姻作为家庭的基石，对个体的成长具有不可替代的重要性。婚姻为个体提供安全感和稳定性，成为个体成长道路上的支撑点。深刻理解婚姻作为家庭基石的独特贡献，读者将更清晰地认识到婚姻对于个体成长的价值。

婚姻促进我们对情感、责任、共同成长的深度思考。本书通过深入剖析婚姻的底层逻辑，引导读者探讨婚姻对个体情感世界的丰富影响，以及如何通过婚姻提升个体对责任的认知。我们将深入思考婚姻是如何成为个体成长过程中的重要组成部分，引导个体在共同成长中实现更丰盈的人生。

通过解读婚姻的本质，我们能更好地理解人际关系的复杂性和深刻性。这本书强调了婚姻如何在个体生活中开启了一扇了解自己和他人更深层次的窗户。婚姻不仅是情感交流的平台，更是个体认知自我和他人的一种途径，通过对婚姻关系的深入思考，个体将更加全面地理解人际关系的本质。

愿这场关于情感、责任和共同成长的深度思考，能够让我们更全面、深刻地理解婚姻在个体生命中的真正价值。

超越传统观念的思考

跳出传统婚姻观念的框架，迎接当代社会的多元发展。

在传统观念中，婚姻往往受到固有的性别角色期待的影响，但在当代社会，我们需要突破这种局限，探讨婚姻中个体如何在平等基础上实现更自由、更充实的发展。

在传统观念中，婚姻常被视为家庭建设的手段，但在现代社会，我们有必要重新审视婚姻的目的，深入探讨婚姻如何成为个体成长和实现共同目标的平台。重新定义婚姻，我们能够赋予婚姻更多个性化的意义，让每对夫妻在追求自己梦想的同时共同建设美好的未来。

在传统观念中，家庭往往被定义为特定的形式，而当代社会呈现出多元化的家庭形式，强调每个家庭都有其独特之处。接纳多元化的家庭形式，婚姻将更好地适应社会多样性，让每对夫妻能够找到最适合自己的生活方式。

我们希望激励读者挑战传统婚姻观念，追求更为自主和平等的共存方式。愿这场关于自由、平等和多元婚姻的思考，为每对夫妻打开一扇通往更丰富人生的大门。

推荐序三 为婚姻注入更多理性思考

婚姻与家庭的和谐发展

在《幸福婚姻手账》中,作者强调婚姻与家庭的和谐发展,旨在为读者描绘一幅婚姻关系与家庭生活共同繁荣的图景。那么,在这个共同体中婚姻与家庭的和谐发展如何实现个体与集体的双赢呢?

和谐婚姻的基石在于沟通与理解。我常常思考婚姻如何才能成为个体与伴侣之间构建情感连接和心灵共鸣的桥梁。有效沟通和理解是和谐婚姻的先决条件,也是家庭共同繁荣的关键。

婚姻与家庭的和谐发展需要夫妻共同明确目标,并在共同奋斗中共同成长。作者在书中探讨了婚姻如何激发夫妻共同追求目标的动力,以及如何成为家庭和谐的源泉。通过案例分析,书中呈现了婚姻与家庭共同发展的实际路径,鼓励读者共同策划并实现婚姻生活中的共同目标。

婚姻与家庭的和谐离不开家庭角色的平等分工。和谐婚姻不是偶然,而是双方不懈努力的成果。在这个共同奋斗的旅途中,夫妻间的沟通与理解是驶向幸福的罗盘,共同目标与成长是婚姻生活的动力源泉,而平等分工则是家庭和谐的基石。我在工作中也常常强调婚姻中平等分工是如何促进家庭协调发展的,以及夫妻如何在平等的基础上拥抱各自的责任,从而创造一个和谐、有序的家庭生活。

本书不仅引导读者认识到和谐婚姻有赖于夫妻之间的默契，是家庭共同繁荣的结果，还为每对夫妻提供了实用而深刻的建议，让他们在婚姻与家庭的和谐发展中共同书写幸福的篇章。

最后，让我们一同凝视婚姻的奇妙画卷，看到超越传统、融合和谐的可能性。婚姻不仅是两颗心的邂逅，更是一场关于个体成长、社会责任、自由平等的奋斗。

愿每一位读者都能在这本书中有所启发，获得深层次的思考，愿本书为您的婚姻旅途点亮一盏明灯，引领您走向更为幸福、充实的人生。前路漫漫，愿幸福与您同行。

中国社会工作联合会妇女与婚姻家庭工作委员会总干事

孙长鸿

2023年11月于北京

前言

走进充满温情与智慧的婚姻世界

在这个喧嚣而匆忙的社会，幸福婚姻正在成为一种奢侈品。我们常常迷失在琐碎的日常中，忘记了婚姻的本质和幸福的真谛，在物质越来越丰富的当下，幸福感却越来越低，婚姻关系变得越来越脆弱。

在现实婚姻中，很多人渴望爱而不会爱，想要得到爱，却不想付出太多。他们重复僵化的生活，让婚姻变得机械、无趣，一味地"忙、盲、茫"——在忙忙碌碌的追逐中，心死了，眼盲了，耳聋了，看不清方向，看不到希望，迷失了自己。

婚姻不仅是人生大事，更是一门艺术。它不仅关乎两个人的幸福，更影响着整个家庭的和谐与稳定。然而，我们时常会忽略婚姻中的一些基本原则和技巧，在一些婚姻问题上陷入无助和迷茫。因此，我们需要不断地学习和成长。正如一位伟大的艺术家需要细心地雕琢自己的作品一样，我们也需要不断地投入时间和精力来打造一段美好的婚姻。

《幸福婚姻手账》是一本关于婚姻的心灵指南，它不仅是一本记录婚姻点滴的手账，还是一本启迪心灵的智慧之书。通过剖析婚姻生活的底层逻辑，我们可以更加理性深入地思考、感悟什么是幸福，以及如何拥有幸福。

我以多年咨询经验和深入研究为基础，为广大读者带来这本极具价值的《幸福婚姻手账》。我将引领大家开启一段探寻婚姻真谛的旅程，走进一个充满温情与智慧的婚姻世界，深入挖掘那些让婚姻历久弥新的幸福元素，让爱情在时光的长河中绽放出永恒的芬芳。

该书的特色在于它的实用性和指导性。从婚姻事实出发，深入探讨婚姻背后的原因和解决方法。无论是面对夫妻间的沟通障碍，还是处理生活中的琐碎事务，《幸福婚姻手账》都能为您提供实用的建议和方法。

最后，希望您能够用心感受并体验《幸福婚姻手账》带来的改变和影响。无论您的婚姻现状如何，我们相信每一个人都

前言 走进充满温情与智慧的婚姻世界

有机会创造出属于自己的幸福。让我们一起踏上这段旅程，书写属于我们自己的幸福婚姻故事。

祝愿您在《幸福婚姻手账》的陪伴下，拥有一个充满爱和幸福的婚姻。

小刀老师

2024年3月

目 录
Contents

初识婚姻：幸福婚姻先导课 001

1. 婚姻需要一张"幸福证书" 003
2. 不要把自己幸福的遥控器交到对方手上 007
3. 如何习得婚姻幸福力 010
4. 经营婚姻的基本心法 013
❀ 婚姻答题卡 017

婚前应知：爱情是花，婚姻是果 027

1. 爱情是精神生活，遵循理想原则 029
2. 婚姻是社会生活，遵循现实原则 037

3. 爱情到婚姻有多远　043
❀ 谁动了婚姻的奶酪　053

婚前应会：修炼爱的五种能力　057

1. 懂得爱：掌握男女差异与相处智慧　059
2. 值得爱：提升个人魅力与婚姻价值　068
3. 忠贞爱：确定唯一合适的结婚对象　073
4. 负责爱：携手规划幸福婚姻　077
5. 理性爱：婚前准备与婚礼策划　081

婚中经营：一半守护，一半接纳　085

1. 开好三场赋能会　087
2. 实践三堂幸福课　096

婚后守护：婚姻中的"红灯"与"加油站"　105

1. 四大"红灯"行为与应对之策　107
2. 六大幸福"加油站"　122

婚姻驿站：幸福婚姻的八项修炼　131

1. 性吸引力 + 情绪吸引力 = 婚姻"王炸"　133
2. 掌握家庭财产是婚姻基本功　144
3. 女人要哄，男人要给面子　148
4. 做全职主妇有风险吗　159
5. 如何与父母舒服相处　163
6. 夫妻合作养娃，不内耗　167
7. 异地夫妻难在哪儿　173
8. "七年之痒"的成因与破解　177

❀ 婚姻质量评价表　181

幸福婚姻手账本　189

阅己、越己、悦己，
拥抱自洽的婚姻状态。

初识婚姻：
幸福婚姻先导课

1. 婚姻需要一张"幸福证书"

婚姻，是关于爱情的长期合约，但是我们常常忽略了一个重要的事实：婚姻需要持证上岗。就像我们在工作中需要一个职业资格证书一样，婚姻也需要一张"幸福证书"，而不只是结婚证。

一张结婚证并不能证明婚姻幸福，只能证明你不是单身——两个人住在一起合法，但不一定合适。

最近几年，很多人谈婚色变。有调查显示，目前中国单身成年人口数量超过2亿，并且30%以上的单身女性选择不婚！毋庸置疑，大龄单身群体都快成为一种社会问题了，当然吓人！这还不算，现在离婚率也是一年比一年高。这些婚姻问题的出现，往往源于"爱无能"，即因为某些原因而失去了爱的能力。

现代人为什么"爱无能"？很重要的一个原因，是当今的爱情已死于无休止的选择及完美主义症结。在一个充满无限可能性的世界中,爱情变得有些稀缺——整个世界更像是"自我"的一个倒影:既要高富帅、白富美,有钱、有车、有房子,还要说走就走的旅行,要被岁月温柔以待……

而大多数人真实的生活是:早上匆匆忙忙地出门,晚上疲惫不堪地回家;约会变得稀缺,沟通变得无趣,爱情甚至成了奢侈品。如果拎不清现实,宁可在家天天喝粥、吃面,也要在婚恋市场漫天要价,要求老公年薪百万,期望老婆温柔、漂亮又贤惠,这就是一种爱无能。表面上看,我们缺的是钱,其实缺的是爱。

对爱情与婚姻过度的理想化、浪漫化,甚至商品化,让我们在现实生活中不想爱,不敢爱,也不会真正去爱。这就像一个人想成为赛车手,总是幻想着有一天能在赛道上感受速度与激情,却不愿意花时间磨练技术。

想一想,开车上路和夫妻相处哪个更难?大多数人会说:"当然是夫妻相处难。"是的,"相爱总是简单,相处太难",找一个人谈一场轰轰烈烈的恋爱容易,但是婚后想把日子过得顺风顺水、恩恩爱爱,就不那么容易了。

开车是个技术活儿,上路之前要学交通规则,要通过科目考试,以及路考和新手实习,这是拿到驾照的第一步。但是,拿到驾照不等于会开车,不等于就是一个合格的司机。要想在车水马龙的道路上游刃有余，享受开车的乐趣，还需要多下功夫练习，不断提高实操水平。相应地，在现实生活中如果两个人光凭一股子热情就开始无证上岗，在婚姻中不守规矩，乱闯红灯，不出问题才怪。

几乎任何一项工作，都有严格的岗位职责与技能要求，需要岗前培训，唯独做夫妻、做父母没有这些要求，只要两个人愿意，就可以携手走进婚姻，就可以生儿育女，这么重要的人生大事，是不是做得太草率了？难怪很多新人，甜甜蜜蜜步入婚姻，不久就遍体鳞伤地逃了出来，而且整个人的精神状态，甚至三观都变得不好了，出现了"现在的女人都物质""男人没有一个好东西"等论调。

幸福的婚姻本质上是一场默契的合作，其间双方要扮演好不同的角色，而扮演这些角色是需要技能的，这些技能是怎么来的呢？只有通过不断地学习才能获得。学习并掌握这些技术就像考驾照一样，需要时间、努力与实践，一旦学有所成，你将会获得一个无价的"幸福证书"。

遗憾的是，大多数人对"婚姻需要学习，需要经营"的观点嗤之以鼻——"我们结为夫妻是缘分，相信我们一定会幸福的。"

婚姻是人生大事，需要坚实的感情基础，需要亲朋好友的祝福，更需要一张"幸福证书"。一场盛大的婚礼不能说明对方有多爱你，结婚以后就一定能过得很好。婚后的日子很长，少不了一些摩擦，只有拥有爱的能力，各自担起自己的责任，懂得夫妻相处的学问，才能一直行走在爱里。

即使婚姻给了你一地鸡毛，你也要有能力把它扎成漂亮的鸡毛掸子。

2. 不要把自己幸福的遥控器交到对方手上

在经济快速发展的同时,我们的生活也出现了一个巨大的社会问题——堵!城市道路交通堵,功名利禄的道路堵,人与人之间的交际堵,家庭内部爱情、亲情堵,个体生命的身心感受堵。堵,就是各种不顺畅,不顺畅就会产生问题,给我们的生活带来无尽的困惑,乃至痛苦。

其实人这一生很简单,无非在追求一个东西:幸福。每个人对幸福的理解不尽相同,有人认为幸福意味着拥有财富和物质上的满足,有人认为幸福是拥有良好的家庭关系,也有人认为幸福是追求自己的梦想和实现个人目标。无论如何,幸福都是一种主观感受,是我们内心的一种选择,每个人都有自己独特的幸福观。我们不能指望外界的事物或他人的行为给予我们幸福，更不能任性妄为地从第三方那里过度索取。

一个身心健康的人，不会把自己幸福的遥控器完全交给别人。把幸福寄托在别人身上，就如同把船的锚交给了风，随时可能被风吹走。

你和别人关系的亲疏、好坏，是由"我"和"我"的关系决定的。当你有品质地接纳自己的时候，你与自己身心的关系就好，你与别人的关系自然就好；当你不肯接纳不完美的自己时，你跟自己、外界的关系就不好。

"我"是一切关系的根源，自我负责是一切的基础，所以修心修德、养护身心、整合关系、学会去爱，是现代人非常重要的一门功课。如果一个人懂得自我维护身心和谐，那么他在生活中就更容易懂得爱、懂得经营婚姻。

心理学研究也发现，一个人身心是否健康，直接关系其婚姻的质量。很多人结婚前活蹦乱跳，结婚后整天往医院跑，不是失眠睡不着觉，就是这里疼那里不舒服，整天好吃好喝，还是毛病没完，一定是心理出了问题。这些问题终归还是人的问题，是关系的问题，说白了，就是爱自己和爱别人的心态出了问题。

可悲的是，很多人不了解这一点，不去改变自己，而是一味地停留在自己的舒适区，对别人各种挑剔。对他们来说，改变自己意味着和自己的人性去对抗，放弃旧有的思维方式和行为习惯，是难受的，是拧巴的。因为固执，所以他们经常会说，"我们之间没有爱情""我的世界他进不来，他的世界我也不想去""在婚姻里各自孤独"，这些语言太过扎心。很难想象，这样的婚姻是怎么挺过来的。正如一句话所说："婚姻，给了你跟同一个人，一次又一次相爱的机会。可悲的是，我们却常常把它当作爱情的坟墓。"

走进婚姻的双方如果都能为自己的幸福负责，懂得维护身心和谐，我们之间就会更同频，从执子之手那一天起，就注定会一生一世牵绊在一起。

不要把自己幸福的遥控器交到对方手上，这样，你才可以随时调整自己的幸福指数：如果感到不开心，可以按下"快乐"按钮；如果感到孤独，可以按下"陪伴"按钮……

3. 如何习得婚姻幸福力

2012年6月28日,第66届联合国大会将每年的3月20日定为"国际幸福日",可见幸福已成为全人类的普遍目标和期望。我们知道,经济学中提倡利益最大化,社会学中强调竞争和丛林法则,这常常让我们忘记了人类内心的善良与爱。在追名逐利的路上,我们把握和感知幸福的能力越来越弱。要知道,名利皆为身外之物,幸福才是我们努力奋斗的终极目标。要想实现这一目标,需要我们重新培养感知和把握幸福的能力。

爱情和婚姻就像人生重要的加油站,为我们增加幸福的动力。爱情或许只是一瞬间的美妙点燃,婚姻则是风雨无阻的动态进行时。我们应以"我是一切的根源"为基础理念,以欣赏、信任、担当、付出、成长、利他为行动指南,迈向幸福的人生。

在今天这个快速发展的社会,我们面临的最大矛盾是什么?

是我们走得太快，幸福跟不上我们的脚步。从现在起，请你放慢一点脚步，等等你的幸福，用心经营你的幸福。很多人在面对婚恋、心理问题时，会选择逃避，不愿意去学习如何应对这些问题。如果我们掌握了一些关于爱情与婚姻的常识，并运用一些信念系统与实操工具，一定可以创造出属于自己的幸福婚姻。

想要获得幸福，先要从受害者思维中挣脱出来，挺身成为建设者，这需要内心的觉醒。

香水在成分上可能有很大差异，但其中95%都是水，只有5%的成分是不同的，这5%的成分就是各家香水制造商的"秘方"。人也是这样，95%的东西基本相似，最神奇、最重要的差别就是其中的5%，比如人的思维、格局和眼界。幸福能力体现了三大正向思维，即系统思维、结果思维、管理思维。

系统思维，任何事情都有两面性与多面性，单面看问题就会断章取义，多面看问题才能统筹全局，并且要看深、看穿。婚姻并不是简单的法律契约，而是两个人之间感情、责任和信任的交织。在生活的起伏中，我们可能会遇到各种考验，而婚姻就像一场冒险，需要我们有着坚定的信念和理性的头脑，系统地看待婚姻中遇到的问题，不能有失偏颇。

结果思维，是一种以目标结果为导向的思维方式，它强调在思考和行动过程中以预期结果为出发点，注重达到目的的方式和方法，不被过程中的细节和障碍所阻挡。我们之所以结婚，最终是为了与伴侣携手并进、互相扶持，获得幸福。当婚姻中出现矛盾时，要想想这件事是否不利于婚姻的幸福？如果是，就要立刻停止自己的不当言行。同样，做出的某个决定，也要看看是否兼顾了夫妻双方的利益、是否得到了彼此的认可，如果对一方有害或者一方反对，很可能就会造成不良后果，影响到彼此的信任与和谐。

管理思维，是一种注重逻辑框架和以本末、主次的方式来分配资源，以便更好地实现目标的思维方式。在婚姻中，夫妻之间需要共同面对许多挑战和问题，如沟通、家务分配、经济管理等。如果缺乏管理思维，就很难有效地解决这些问题，甚至会导致矛盾和争吵。通过建立良好的沟通机制、合理的家务分配以及有效的经济管理，我们就可以建立起健康、稳定的婚姻关系。

幸福力是一种可以不断发展和提高的能力，它需要夫妻双方共同努力培养。通过不断提升幸福力，我们可以更好地应对婚姻生活中的挑战，从而获得更美好的婚姻生活。

4. 经营婚姻的基本心法

经营婚姻,是许多人一生中必须面对的重要课题。对于每一对夫妻来说,恋爱容易,真正要经营好一段婚姻却并不容易。很多人结婚快20年了,但每每回想起自己和另一半的恋爱过程,仍觉得恍如昨日。那时候,他们彼此深爱着对方,对未来充满了憧憬和期待。随着时间的推移,他们的婚姻也经历了许多考验和挑战,才逐渐明白经营婚姻的真谛——领一张结婚证容易,赢一生爱情不容易。

在现实社会中,没有现成的好老公、好老婆等着我们,只有不断学习、成长的好伴侣和经营出来的幸福。为此,我们要掌握经营婚姻的四大心法。

心法一:保持学习的心态。

幸福婚姻不是一个遥不可及的梦,而是一个可以借着努力学习，不断进步而抵达的具体目标。夫妻之间如何相爱、相处，如何经营幸福婚姻，完全值得我们用一生去探索。有句话叫"有道无术，术尚可求；有术无道，止于术。"意思是，如果有正确的道德观念和原则（道），但没有具体的操作技巧（术），那么可以通过学习和实践来获得这些技巧。相反，如果只有操作技巧而没有正确的道德观念和原则，那么最终也只能停留在技巧的层面，无法达到更高的境界。

建设学习型婚姻，需要夫妻二人通过不断地学习与践行，提高整体素质，提高爱的能力：彼此忠诚、目标一致、合理分工，共创共赢。世界上最远的距离是从知道到悟到的距离，你知道怎么做和实际怎么做是完全不同的，必须自己练习！相爱容易相处难，要把浪漫恋爱转变为真实的婚姻生活，一定要有持续学习的心态。

心法二：学会内修自省。

对于现实生活的压力和婚恋领域的现状，渴望建设幸福婚姻的夫妻应以立大志、修内功、戒贪欲、共成长为原则，以人为本，以求同存异、两情相悦为核心，以持续提升婚姻满意度为宗旨，要从心出发，让爱情成长，真正做到"执子之手，与子偕老"。

每个人的起心动念都会通过意识、语言和身行表现出来，从而影响自己的人生。如果一个人执着于自己的想法和欲望，不愿意放下自我，那么就很难得到真正的幸福。因此，要追求幸福，需要放下自我，以广阔的心态面对人生。同时，心是身的主宰，心体现在起心动念上，起心动念决定了意识、语言和身行，因此要学会内修、反省，并用积极的心态和正确的方法解决婚姻中的问题。这样，才能让自己摆脱"受苦状态"，多处于"美好状态"。

心法三：保持两颗"心"。

要有一颗"放下的心"。必须认清什么是可以放下的，凡是能被火烧掉的东西都不重要，比如金钱、房子，或者其他物质财富，而无法被烧掉的东西才是最重要的，比如智慧、能力和爱，它们才是深藏于内心的，真正属于自己的。放下那些过去的伤痛和遗憾，让它们随风而去；放下对完美的苛求，接受伴侣的不完美；放下对争吵和分歧的执着，用理解和沟通去化解矛盾……当你学会放下，便能感受到内心的宁静和满足。

要有一颗"相信幸福的心"。天无绝人之路，无论是在低谷，还是高峰，我们都需要相信"幸福是可以通过努力获得的"。这种相信的力量可以让我们更加积极地面对各种困难和挫折。

心法四：摆正心态。

增强责任心。真正长大成人！我们是自己命运的第一责任人，爱情和婚姻不是小孩子的游戏，只有在内心世界真的长大成人，告别自私和任性，学会担起自己的责任，懂得爱，值得爱。这是幸福婚姻的第一块基石。

培养宽容的心态。千万别抱怨！作为一个成年人，千万别把婚姻痛苦失败的"锅"让无辜的人去背。在婚姻中，要学会接纳对方的缺点。遇到问题不要总是怪对方这不好、那不对。要知道，你所遇见的人和事，都是自己吸引来的，也都是自己选择的结果。所以，永远不要去试图改变对方，而要尊重彼此的个性，学会在差异中寻找和谐。

保持感恩的心态。要珍惜彼此的付出和努力，对伴侣的关爱和体贴心怀感激。感恩的心态能让我们更加关注对方的优点和美好，也有助于增加夫妻之间的默契和信任。

要提高婚姻满意度，需掌握上述四大心法，以了解自己和爱人的真实需求，让对方真正感受到自己带给其超值的身心愉悦和家庭的安全与富足，让其沉醉于爱情的浪漫与婚姻的幸福中。

在爱情的田野上，婚姻是一座需要精心耕耘的花园。要想让这座花园繁花似锦，需要夫妻双方共同倾注心血和智慧。经营婚姻的心法，就如同园丁的工作指南，指引我们在爱的田野里播下幸福和理解的种子。

婚姻答题卡

这份"婚姻答题卡"包含了一系列关于夫妻关系中沟通、理解和支持等方面的问题。通过回答这些问题,夫妻双方可以更好地了解彼此的想法、需求和期望,从而增进彼此的了解和信任。

请根据自己的实际情况,在四个选项中选择一个最符合自己的答案。

(1) 你们通常如何度过闲暇时间?(　　)

　　A. 一起看电影或电视节目

　　B. 参加户外活动或运动

　　C. 各自做自己喜欢的事情

　　D. 与朋友或家人聚会

(2) 你们在婚姻中最看重的是什么?(　　)

　　A. 相互理解和支持

　　B. 共同的兴趣和爱好

　　C. 忠诚和信任

　　D. 家庭和责任

(3) 你们如何处理意见分歧?(　　)

　　A. 心平气和地讨论,寻求妥协

　　B. 其中一方做出让步

　　C. 暂时搁置,以后再讨论

　　D. 争吵或冷战

(4) 你们如何表达对彼此的爱和关心?(　　)

　　A. 通过语言表达

　　B. 送礼物或为对方做事情

　　C. 给予对方足够的私人空间

　　D. 经常一起出去旅行或约会

(5) 你们的财务管理方式是怎样的?(　　)

　　A. 共同管理和决策

　　B. 其中一方负责管理

　　C. 各自管理自己的财务

　　D. 偶尔会因为财务问题产生争执

(6) 你们如何分配家务?(　　)

　　A. 共同分担

　　B. 根据个人能力和时间分配

C. 其中一方承担大部分家务

D. 经常因为家务分工不明确而产生矛盾

(7) 你们如何处理家庭和工作之间的平衡？（　　）

    A. 共同协商，寻找合适的解决方案

    B. 其中一方做出更多的牺牲

    C. 尽量保持独立，互不干扰

    D. 经常因为工作而忽略家庭

(8) 你们如何处理与对方家庭成员的关系？（　　）

    A. 尊重和理解对方的家庭

    B. 尽量避免与对方家庭成员产生冲突

    C. 对对方家庭成员有较高的期望

    D. 经常因为对方家庭成员的问题而产生矛盾

(9) 你们如何处理个人空间和隐私的问题？（　　）

    A. 尊重对方的个人空间和隐私

    B. 偶尔会因为个人空间的问题产生争执

    C. 对对方的个人空间有较高的要求

    D. 经常侵犯对方的个人空间和隐私

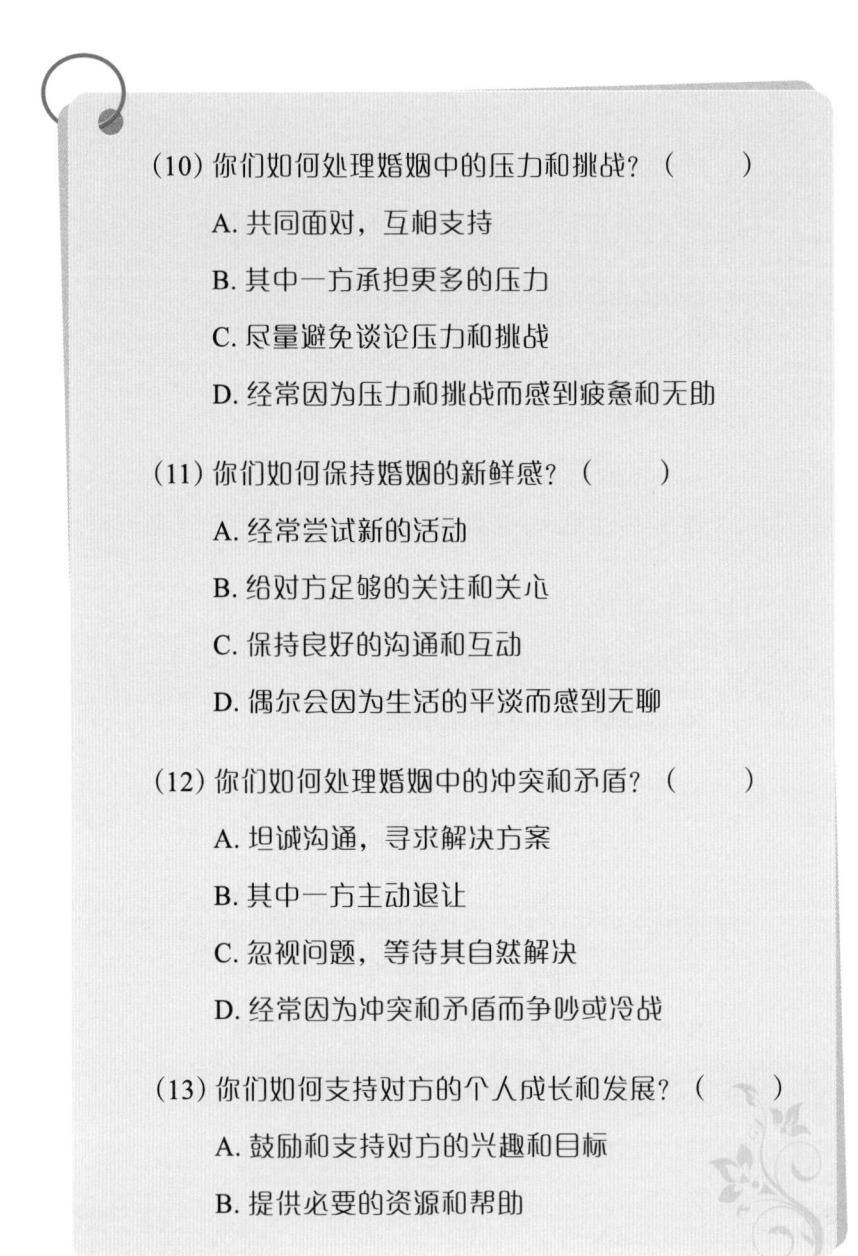

(10) 你们如何处理婚姻中的压力和挑战？（　　）

　　A. 共同面对，互相支持

　　B. 其中一方承担更多的压力

　　C. 尽量避免谈论压力和挑战

　　D. 经常因为压力和挑战而感到疲惫和无助

(11) 你们如何保持婚姻的新鲜感？（　　）

　　A. 经常尝试新的活动

　　B. 给对方足够的关注和关心

　　C. 保持良好的沟通和互动

　　D. 偶尔会因为生活的平淡而感到无聊

(12) 你们如何处理婚姻中的冲突和矛盾？（　　）

　　A. 坦诚沟通，寻求解决方案

　　B. 其中一方主动退让

　　C. 忽视问题，等待其自然解决

　　D. 经常因为冲突和矛盾而争吵或冷战

(13) 你们如何支持对方的个人成长和发展？（　　）

　　A. 鼓励和支持对方的兴趣和目标

　　B. 提供必要的资源和帮助

C. 对对方的成长和发展有较高的期望

D. 经常因为对方的成长和发展而感到威胁

(14) 你们如何共同规划未来？（　　）

　　A. 一起制订目标和计划

　　B. 其中一方主导规划

　　C. 偶尔会讨论未来的规划

　　D. 对未来没有明确的规划和目标

(15) 你们如何处理婚姻中的信任问题？（　　）

　　A. 坦诚相待，建立相互的信任

　　B. 其中一方容易怀疑或猜忌

　　C. 对对方的行为有较高的要求

　　D. 经常因为信任问题而产生矛盾和争吵

(16) 你们如何在婚姻中保持独立和自主性？（　　）

　　A. 尊重彼此的独立性和自主性

　　B. 偶尔会因为独立和自主的问题产生争执

　　C. 对对方的独立性和自主性有较高的要求

　　D. 经常因为过度依赖而失去自我

(17) 你们如何在婚姻中保持良好的沟通？（　　）

　　A. 经常分享彼此的想法和感受

　　B. 倾听对方的意见和建议

　　C. 对对方的沟通方式有较高的要求

　　D. 经常因为沟通不畅而产生误解和冲突

(18) 你们如何在婚姻中保持浪漫和激情？（　　）

　　A. 经常制造惊喜和浪漫的时刻

　　B. 保持良好的性生活

　　C. 对对方的期望和要求较高

　　D. 经常因为生活的琐碎而忽略浪漫和激情

(19) 对配偶的职业、地位或经济状况是否满意？（　　）

　　A. 非常满意，很支持对方的职业发展

　　B. 基本满意，尊重对方的职业追求

　　C. 不太满意，职业压力或经济状况偶尔会影响生活质量

　　D. 很不满意，这些因素对婚姻生活造成了很大的压力

(20) 你们如何在婚姻中保持自我成长和进步？（　　）

A. 鼓励彼此不断学习和进步

B. 提供必要的支持和帮助

C. 对对方的成长和进步有较高的期望

D. 经常因为自我成长而忽略对方的感受

解析

每个选项都有相应的分值，A 选项是 5 分，B 选项是 4 分，C 选项是 3 分，D 选项是 2 分。将每个问题的得分相加，得到总分。总分越高，说明夫妻之间的关系越和谐、健康。可以根据总分将结果分为五个等级：90 分及以上表示优秀，89～80 分表示良好，79～70 分表示中等，69～60 分表示需要改进，59 分及以下表示问题较多。

在完成"婚姻答题卡"后，夫妻双方可以一起回顾每个问题的答案，并讨论其中的相同点和不同点。通过这种方式，夫妻可以更好地了解彼此的想法、需求和期望，从而增进彼此的了解和信任。

（1）如果双方在大多数问题上选择了相同或相似的答案，说明夫妻之间的关系比较和谐，彼此之间有较强的理解和支持。这种情况下,夫妻可以继续保持良好的沟通和互动,共同努力维护婚姻的幸福和稳定。

(2)如果双方在某些问题上选择了不同的答案,可能意味着夫妻之间存在一些差异和冲突。这种情况下,夫妻需要更加努力地沟通和理解对方,尊重彼此的想法和感受,寻找合适的解决方案,以促进婚姻的和谐和发展。

(3)如果双方在很多问题上选择了较低的分值,可能表明夫妻之间存在一些问题和挑战。这种情况下,夫妻需要认真对待这些问题,寻求专业的帮助和支持,共同努力改善婚姻关系。

请注意,这份"婚姻答题卡"只是一个参考工具,真正的关键在于夫妻双方的坦诚和沟通。在回答问题的过程中,要尊重彼此的观点和感受,共同努力营造一个健康、和谐的婚姻关系。

注意事项

"婚姻答题卡"只是一种了解夫妻关系的工具,它并不能完全准确地反映出夫妻之间的真实情况。因此,在使用时,需要注意以下几点:

（1）坦诚回答：在回答问题时，要尽量坦诚地表达自己的想法和感受，这样才能得到真实的结果。

（2）避免偏见：在回答问题时，要避免因为个人偏见或情绪而影响答案的准确性。

（3）共同参与：夫妻双方应该共同参与回答问题，这样可以更好地了解彼此的想法和感受。

（4）讨论与反思：在完成"婚姻答题卡"后，夫妻双方可以一起讨论答案，反思自己在婚姻中的表现，以及如何改善和提升婚姻关系。

（5）寻求专业帮助：如果在回答问题的过程中发现夫妻关系存在较大问题，或者在讨论后无法解决问题，可以考虑寻求专业婚姻辅导或心理咨询师的帮助。

希望这份"婚姻答题卡"对你有所帮助！

婚前应知:
爱情是花,婚姻是果

1. 爱情是精神生活，遵循理想原则

(1) 爱情的基本概念与特征

爱情是一种人际吸引的最强烈形式，是身心成熟到一定程度的个体对异性个体产生的具有浪漫色彩的高级情感。它既包括对异性的向往和渴望，也需要双方的相互认知和理解。

爱情既具有自然属性，又具有社会属性，是自然属性和社会属性的统一。爱情的自然属性是指其生物基础和性爱的成分。人类作为生物的一种，爱情的产生和发展都与我们的生物性和生理需求密切相关。同时，爱情还包含着对另一半的深深的情感依恋和渴望，这种情感在生物学上表现为多巴胺、内啡肽等神经递质的释放。

爱情的社会属性是指其在社会规范和文化背景下的表现和

作用。爱情不仅是两个人之间的情感交流，还是一种社会现象，它受到社会文化、价值观念和伦理道德的影响。不同文化背景下，人们对爱情的理解、表达和追求方式都不尽相同。东方文化强调爱情的责任感和持久性，西方文化则更注重爱情的自由和浪漫。这些社会属性使得爱情更加丰富多元，同时也为人们提供了追求和塑造理想爱情的参照。

爱情还具有如下特点：

特点一：相异性。

爱情的相异性是指产生爱情的个体之间的差异性和独特性。不同的个体有着不同的价值观和生活经历，这使得每个人对于爱情的理解和追求也各不相同。在爱情中，个体间的差异性和独特性得到了充分的尊重和欣赏。人们通过相互了解和接纳，发现彼此间的互补和一致性，从而建立起独特的情感连接。

特点二：成熟性。

真正的爱情并非只存在于青春期，而是在个体身心发展趋于成熟的过程中逐渐形成和深化。这包括个体的认知能力、情绪调节能力、责任感等多方面因素。只有在这些方面都得到充分的发展时，人们才能真正理解和体验到爱情的丰富内涵。

特点三：高级性。

爱情的高级性是指个体在情感体验中的地位和价值。与一般情绪不同，爱情是基于人的成熟认知产生的复杂情感。在心理学上，爱情被认为是一种综合的情感体验，包括亲密感、幸福感、性吸引等多个方面。这种高级情感体验不仅为人们提供了精神上的满足，还能够帮助人们在生活中寻找到真正的价值和意义。在面对困难和挑战时，爱情的力量能够激发人们的内在潜力，让人更加勇敢、坚定和有力量。

特点四：生理性。

爱情有生理基础，这不仅意味着性吸引力，还包含了对另一个人的身体和情感的深深渴望。生理性是爱情中的一个重要方面，包括性爱因素。性爱是人类的基本需求和爱的表达方式，它不仅带来身体上的愉悦，也带来情感上的满足。性爱可以促进双方的亲密关系，增强彼此之间的信任和情感联系。

特点五：利他性。

爱情的利他性是其独特的魅力之一。在爱情中，人们往往愿意为对方付出一切，甚至牺牲自己的利益来维护和促进对方的幸福。这种奉献和利他精神是爱情中的一种高尚品质，也是维持爱情长久的基石之一。即使在面对困难和挑战时，爱情也能够激发出人们内心深处的力量和勇气，帮助人们克服困难，继续前行。

了解爱情的基本概念和特征，可以帮助我们更好地认识和理解爱情的本质，从而更好地追求和维护我们的爱情关系。同时，我们也要尊重每个人在爱情中的独特性和多样性，以开放的心态去接纳和理解不同的爱情表达方式。

(2) 我国传统的爱情观

传统的爱情观是中国传统文化的重要组成部分，它代表了中华民族独特的爱情观念和道德观念。在传统爱情观中，男女双方不仅是伴侣和家庭的核心，还是社会责任和家庭责任的担当者。

首先，传统爱情观强调对两性关系的严肃和审慎的态度。在我国传统文化中，爱情被视为男女之间最基本、最自然的人伦关系，是一个人品德修养和精神追求的重要体现。因此，男女双方在结为伴侣之前，需要认真思考自己的感情和人生选择，以理智、成熟的态度对待爱情和婚姻。同时，在确定关系后，双方要共同努力维护感情的稳定与幸福，互相关心、理解和支持。

其次，传统爱情观强调自尊自爱。在传统道德观中，女性要自尊自爱、自珍自重，恪守妇道；男性则要注重品德修养和责任担当，展现出阳刚之气和君子风范。这种价值观不仅是对个人人格和尊严的肯定与尊重，还有助于男女双方在爱情和婚姻生活中形成健康、稳定的人际关系。同时，男女双方都要自觉地遵守社会道德规范和法律法规，维护社会公共利益和社会公德。

最后，传统爱情观强调对爱情忠贞专一。在传统爱情观中，真挚美好的爱情是建立在相互信任、忠诚与专一的基础上的。无论是男性还是女性，都应该对自己的感情负责，坚守爱情承诺，忠于家庭和伴侣。只有在这种信任与忠诚的基础上，才能建立起长久幸福的婚姻关系。同时，传统爱情观也强调了对家庭的责任担当，认为夫妻之间应该互相扶持、共同承担家庭责任，致力于家庭的幸福与发展。

在这个时代，我们更应该去追寻那份纯粹、真挚、美好的爱情，让心灵得到慰藉，让生活充满诗意。

(3) 择偶交往的基本要求和注意事项

青年男女在择偶交往中需要了解一些交往常识。现在，让我们一起深入探讨一下这些基本要求和注意事项。

掌握恋爱伦理的基本要求。

爱情不仅仅是感觉和激情，更是一种责任和承诺。在恋爱中，我们需要尊重对方的权利和自由，理解并接纳彼此的差异，同时也要保持个人的独立性和自我意识。当我们在恋爱关系中遇到问题，应该用理性而非情绪化的方式解决。这是建立健康、互相尊重、稳定的恋爱关系的基础。

择偶过程中要注意自我调控。

择偶不是一场竞赛，而是一个需要时间、耐心和智慧的过程。在这个过程中,我们需要理智地对待自己的感情,不要让情绪左右我们的决定。

①理智的爱情并不是一时冲动,而是一个选择的过程。在这个过程中,我们需要学会控制自己的情绪,保持言行得体。当我们处于恋爱状态时,很容易被情绪左右,从而做出一些不理智的决定。因此,我们需要学会在关键时刻保持冷静,不要因为一时的冲动而做出让自己后悔的决定。

②成熟的爱情需要时间来彼此了解和沟通磨合。在选择伴侣时,我们不能急于求成,而是需要耐心地了解对方。通过与对方进行深入交流和沟通,可以更好地了解彼此的性格、价值观、生活习惯等,以便判断是否适合在一起。同时,在磨合过程中,我们也需要学会尊重对方,并接纳彼此的差异。

③珍惜异性相吸的美好,彼此尊重,求同存异。当我们遇到一个心仪的对象时,很容易被对方吸引。但是,我们也需要保持清醒的头脑,尊重对方的意愿和选择。在发生重大分歧时,我们不能勉强凑合,而是需要坦诚地面对问题,尝试解决它们。在这个过程中,我们需要学会倾听和理解对方的想法和感受,以达成共识。

④不要沉迷感情表面上的热烈,要深入了解对方的内心世界,情理融合。在恋爱过程中,我们很容易被对方的表面所迷惑,而忽略了对方的内心世界。但是,真正的爱情需要深入了

解对方的内心世界，了解对方的情感、思想和需求。只有当我们真正了解对方时，彼此才能更好地建立情感联系，达到情理融合的境界。

正确对待恋爱挫折。

失恋并不意味着世界末日，它只是告诉我们有些事情并不合适，或者并不像我们想象中的那样美好。在这个过程中，我们需要学会接受现实，不要过度自责或抱怨。同时，我们也要学会从失败中吸取教训，让自己在以后的恋爱中更加成熟和理智。

①端正恋爱动机，恰当表达爱意。在恋爱中，我们应该明确自己的恋爱动机，理解自己的情感需求和期望。尊重对方的感受和选择，不要强求对方做自己不愿意做的事情。同时，我们应该恰当地表达自己的爱意，让对方知道我们的想法和感受。在美好的经历中成长，珍惜彼此之间的回忆和经历，不要让恋爱的挫折破坏我们的美好回忆。

②正视现实，理性面对。在恋爱中遭遇挫折，不要陷入情绪化的泥潭，要学会控制自己的情绪。同时，我们要做到失恋不失德，不要因为失恋而失去道德和品格。失恋不失志，不要因为失恋而失去自信和追求幸福的勇气。我们需要从挫折中吸取教训，找到自己的不足之处，并努力改进自己。

③矫正认识，调整心态。在恋爱挫折中，需要矫正自己的认识，不要把所有的责任都推到对方身上，也要审视自己的不

足之处。同时，我们需要调整自己的心态，不要让失恋的情绪影响到自己的生活和心情。我们要学会接受现实，从中吸取教训，让自己更加成熟和坚强。

警惕恋爱的过度功利化和快餐化。

爱是治愈一切创伤的良药，它是珍贵的、温柔的，需要给予爱和接受爱的人都付出时间、情感、心力。可是，在这个快节奏、便利化的时代，有些人也试图把爱便利化，希望通过看一篇免费推文、听一节几十元钱的音频课、听一场几百元钱的讲座，就可以"获取"一位知心爱人和一段美好的爱情。因此才会出现大量的"恋爱速成班"，这是需要我们高度警惕和摒弃的。

做到性与爱的和谐统一。

性爱是爱情的一部分，但它并不是全部。在爱情中，我们还需要有彼此间的理解、尊重和支持。只有当性与爱达到和谐统一时，才能真正体验到爱情的美好和力量。在爱情中，我们也要明确自己的边界和意愿，尊重对方的感受和需求。当我们在进行身体接触时，也要注意双方的舒适度和意愿。

很多人一直在试图把爱量化，试图寻找标准化的爱的路径。爱是世上最美好的事物之一，如果如此美好的事物都需要靠套路获得，就丧失了作为人的美好与神圣。

2. 婚姻是社会生活，遵循现实原则

（1）婚姻的内涵

婚姻是指当时社会制度所确认的，两性互为配偶的结合。婚姻的内涵包括以下几个方面：

首先，婚姻通常是指男女两性的结合。婚姻制度的形成，是维护社会秩序的客观需要。这意味着，婚姻关系只适用于男女之间，而不适用于其他任何生物或群体。同时，这种结合是建立在男女平等和相互尊重的基础上的，而不是基于某种生物或社会优势地位的排他性支配地位。

其次，婚姻是以男女双方以配偶身份的结合，这种结合是为当时社会制度所认可的。这意味着，婚姻关系的建立需要符合一国的法律和道德规范，同时也需要符合国际社会的规范和

标准。不同国家和地区的婚姻制度存在差异，但都是为了维护社会秩序和家庭和谐而设立的。

最后，婚姻是家庭产生的前提。家庭是人类社会的基本单位之一，而婚姻则是家庭形成的前提。在许多国家和地区，婚姻被视为组成一个家庭的基础，只有在婚姻关系中，男女才可以在法律和社会上被视为一个家庭的一部分。因此，婚姻关系的稳定、和谐不仅关系到夫妻双方的利益，还关系到整个社会的稳定和繁荣。

婚姻是男女双方通过合法程序结为伴侣，共同生活在一个家庭里的一种法律行为。婚姻也涉及家庭财产、经济独立和共同负担等方面，是一种经济行为。婚姻更是一种情感行为，需要夫妻之间相互理解、支持和关爱。

(2) 婚姻家庭的基本功能

婚姻家庭是一个复杂而重要的社会结构，它承载着多种社会功能，这些功能对于个人和社会的福祉都有着重要的影响。

首先，婚姻家庭在人口再生产中发挥着关键作用。家庭作为生命的港湾，是人们繁衍后代、传承血脉的基本单位。在家庭中，夫妻之间的性关系和共同育儿的方式决定了社会的人口数量和结构。通过婚姻家庭这一制度化安排，社会得以协调个人与家庭、家庭与社会之间的关系，从而实现人口的均衡分布和社会的可持续发展。

其次,婚姻家庭在经济生活中扮演着重要角色。在传统社会中,家庭是基本的生产单位,它通过组织生产和消费来满足家庭成员的需求。在现代社会,虽然生产方式已经高度专业化,但家庭仍然承担着组织经济生活的重要功能。夫妻之间的经济合作与分工是家庭经济的主要特征,这种合作模式为社会提供了稳定的经济基础。

再次,婚姻家庭具有教育功能。家庭是一个小型的教育机构,它通过父母的言传身教和家庭环境的熏陶,培养孩子的价值观念、道德情感和社会技能。在婚姻关系中,夫妻双方通常会共同参与孩子的教育,这不仅有利于孩子的健康成长,也促进了夫妻之间的情感交流和家庭关系的升温。

最后,婚姻家庭是国家和社会的基本细胞。正如"千家万户都好,国家才能好,民族才能好",家庭的和睦与幸福对于国家和民族的发展至关重要。婚姻家庭的稳定和谐是国家繁荣的基石,也是民族进步的动力。同时,国家和社会的发展也为婚姻家庭的幸福提供了保障和支持。

为了维护婚姻家庭的稳定和幸福,我们不但需要注重家庭教育、提高婚姻质量、关注夫妻关系的和谐与稳定,而且要加强对社会弱势群体的支持和保护。只有在全社会的共同努力下,我们才能实现"家是最小国,国是千万家"的美好愿景。

(3) 婚姻的三大属性

你是否思考过，人类的婚姻究竟是基于怎样的原理和动机而存在？婚姻包含了三大属性：物质、情感和精神。这三个属性像三个不同维度的力量，相互交织、相互影响，构成了婚姻的复杂性和多样性。

物质是婚姻的基石，遵循现实原则。它涵盖了生活中的柴米油盐、衣食住行等基本需求。这些基础的物质条件是婚姻得以稳定和持续的保障。

情感是婚姻的灵魂，遵循愉悦原则。它表现为夫妻之间的深厚情感和亲密关系。这种情感联系让婚姻充满了温暖和活力，使人们能够在彼此的陪伴中找到快乐和满足。

精神是婚姻的支柱，遵循理想原则。它代表着夫妻之间的共同理想和追求。这些共享的价值观和目标为婚姻提供了深远的意义和目的。夫妻可以共同追求事业的成功、家庭的幸福，甚至更为广泛的社会责任。这种精神层面的共享让婚姻超越了个人的欲望和局限，赋予了婚姻崇高的价值和意义。

这三个属性并不是独立存在的，它们需要在同一对伴侣的身上有机地结合在一起。这给婚姻带来了挑战，因为要将这三个属性在同一对伴侣身上实现并不是一件容易的事情。如果你的婚姻不够幸福，也许我们需要反思是哪个维度出了问题，然后与伴侣一起努力，针对性地解决问题。

（4）我国居民的婚姻家庭现状

我国是一个多民族、多文化的国家，不同地区、不同族群的婚姻家庭形式各异。从整体来看，主要呈现出以下几种趋势：

①随着社会的进步和人们观念的转变，婚姻自由程度越来越高。越来越多的年轻人追求自己的理想和幸福，不再受制于传统的婚姻观念和社会压力，他们更加关注个人发展和情感需求，选择适合自己的伴侣，掌握婚姻自主权。

②择偶观念越来越个性化、多样化。在过去，人们往往通过家庭安排或媒妁之言来寻找配偶，而现在的年轻人更加注重个性与共同兴趣的契合度。他们更倾向于在社交圈中结交朋友，通过相互了解和共同的兴趣爱好来建立感情基础，从而选择最合适的伴侣。

③离婚自由也越来越被社会认可。过去，离婚被视为一种耻辱和不光彩的事情，但现在人们对离婚的态度逐渐宽容和理性。这意味着人们认为对于不幸福的婚姻关系自己有权利选择结束它，而且离婚并不意味着个人的失败或道德败坏。

④女性在家庭中的地位大大提高。随着女性受教育水平的提高和社会地位的不断提升，她们在家庭决策、经济独立和个人发展等方面都取得了显著进步，女性在家庭中扮演着更为重

要的角色、承担着更为重要的责任。

⑤家庭教育受到普遍重视。家长们越来越认识到良好的家庭教育对孩子成长的重要性，注重培养孩子的道德品质、学习能力和社交能力，为孩子提供良好的成长环境和教育资源。良好的家庭教育不仅有助于孩子全面发展，还为家庭的和谐稳定奠定了基础。

⑥丰富多彩的家庭建设活动形成规模。家庭成员之间的互动和沟通成为家庭关系的重要保障，越来越多的家庭开始组织各种形式的亲子活动、户外运动和文化交流等，以增进家庭成员之间的亲密度和幸福感。

我们要摒弃传统的性别角色观念，认识到家务活并不是女性的专属领域。与家人分享家务，让每个人都能参与到家庭的运转中来。这不仅有助于减轻女性的负担，也能增进家庭成员之间的互动和团结。

3. 爱情到婚姻有多远

(1) 爱情与婚姻的三大区别

爱情和婚姻是世上最难的修行。爱情浪漫，婚姻现实，要想从浪漫爱情顺利进入幸福婚姻，必须深谙爱情和婚姻的三大本质区别。

一是感性和理性的区别。

爱情是感性的，它更多的是心灵的交流，是体验生命、身心的交融与激情的挥洒。它不需要理性的分析，只需要心意的相通和愿意去经历的态度。在爱情中，感受是最重要的，无论是甜蜜的、苦涩的、激动的或是平静的，都是爱情的一部分。

然而，婚姻是理性的选择。它涉及柴米油盐、饮食起居的现实生活问题，是亲戚朋友、老老小小过日子的责任问题。婚姻需要理性的思考和选择，是对未来家庭建设的决策。选择婚姻就意味着我们无法逃避对家庭的责任。

我们应该在感性的爱情中注入理性的思考。在选择婚姻时，我们不能仅依赖激情和浪漫，还需要理性地评估彼此的价值观、生活习惯以及人生目标是否相合，以确保爱情在进入婚姻后能够持续发展。

二是过程和结果的区别。

爱情是过程导向的，它注重的是体验和享受恋爱过程。在爱情中，我们用心去引导，用心去感受，用心去付出。爱情的初衷是体验生命，无论结果如何，只要我们曾经拥有过、经历过，就是美好的。

然而，婚姻是结果导向的。它关注的是结果的稳定和家庭的幸福。婚姻需要我们用脑思考，理性行动。它需要我们考虑如何创造一个稳定和谐的家庭环境，如何经营好生活，如何实现家庭成员间的价值交换。

三是核心需求的区别。

爱情的核心需求是以"我"为主，强调的是内在满意度。在爱情中，我们追求的是情感的满足，是吸引、相信和被满足的感觉。这是一种个人化的需求，只要我们感到满足，就是最好的状态。

婚姻的核心需求是以"家"为主，强调的是外在满意度。在婚姻中，我们需要对家庭负责，满足家庭成员的需求和期望。婚姻需要承诺、行动和成功来支撑，这是一个系统、稳定地创造现实生活的过程。

爱情和婚姻，是人生中两个重要的主题。许多人之所以在爱情里沉沦，步入婚姻后却伤痕累累，输得体无完肤，根源在于他们未能清晰洞察爱情与婚姻的本质区别。当两者之间的界限变得模糊时，他们便注定要承受一些不必要的痛苦。

在爱情的照耀下和婚姻的约束中，我们将逐渐领悟到生活的真谛：爱情让我们懂得珍惜与付出，婚姻则让我们懂得担当与成长。

（2）从爱情到婚姻的三大步骤

爱情是婚姻的起点，婚姻则是爱情的归宿。从相爱到步入婚姻，这是一段美妙的旅程，需要经过三个关键步骤。

首先，考虑清楚"我们为什么要结婚"。

在《我的前半生》中，有这样一段关于婚姻意义的描述："因为人生艰难，需要一个人来同舟共济。"的确，婚姻不仅是两个人之间单纯的爱，还是一种彼此扶持、共同成长的方式。相爱的人在漫长的岁月里，选择牵手共度余生，这份深厚的情感最终化为一份承诺，承诺与对方共同面对生活的风雨，共渡人生的河流。

其次，把握好从爱情到婚姻的三个步骤。

第一步：管住泛滥的爱情，在综合权衡之后，果断做出对结婚对象的选择。在选择伴侣时，我们需要保持清醒的头脑，全面考察对方的品行、性格、生活习惯以及对未来的规划。同时，我们也需要对自己有一个清晰的认识，明确自己内心的需求和期望。只有经过深思熟虑后做出的选择，才能让我们更加坚定地走向婚姻的殿堂。

第二步：统一"三观"，明确相处规则，保持同频，共同成长。结婚后的生活并非一帆风顺，面对琐碎的家庭事务和复杂的情感纠葛，我们需要与伴侣共同协商、解决问题。双方需要建立起一套共同的价值观和行为准则，明确彼此的期望与底线。在日常生活中，我们还需要不断调整自己的步伐，与对方保持一致，共同成长。只有这样，我们才能在婚姻的道路上携手并进，风雨同舟。

第三步：和爱人一起制订专属的婚姻规划，有底线、有目标、有方法。婚姻生活并非一成不变，需要我们去规划、调整和经营。在婚姻中，我们需要与伴侣共同制订目标和计划，明确彼此的责任与期望。同时，我们还需要掌握一些方法和技巧，如有效沟通、化解冲突、互相支持等。这些技巧不仅能帮助我们解决日常生活中的问题，还能增进夫妻之间的感情和信任。

婚姻是一段充满挑战和机遇的旅程，它需要我们用心去经营和维护。从感性到理性，从浪漫到现实，从以自我为中心转向以我们为中心。

美国心理学家马斯洛提出了人的五大需求层次理论，在婚姻中，我们需要满足彼此的生理需求，确保家庭安全，建立深厚的感情联系，互相尊重和支持彼此的梦想。只有当我们能够在这五个层次上得到满足和成长时，我们的婚姻才能真正达到和谐与美满的境界。

（3）婚姻需要秉持的五大原则

婚姻，就如同一条蜿蜒曲折的道路，需要我们携手前行。在这条路上，有五大原则如明灯照亮我们前行的道路。这些原则不仅为我们提供了方向，更像是一块块精心打磨的基石，支撑着我们的婚姻城堡。

第一，利他原则：相亲相爱。

利他原则是相亲相爱的核心。在婚姻中，我们要学会付出，以对方为中心。这不仅让对方感受到爱，还让自己享受到付出的喜悦。正如一位智者所说："给予，是快乐的源泉。"当我们选择为对方付出时，我们就会收获内心的满足与喜悦。在爱情的花园里，我们愿意为对方付出，因为我们深知，利他就是利己。彼此的幸福是相互依存的，当我们向对方播撒爱意时，我们也会收获满满的温暖与感动。

这个原则教会我们如何在婚姻中扮演好"爱的给予者"和"爱的接受者"的角色，让我们的爱情更加丰富、更加深厚。

第二，尊重原则：男女有别。

尊重原则，让我们明白男女有别。虽然我们在很多方面都是相似的，但不可否认的是，我们之间也存在显著的差异。尊重这些差异，并接纳彼此的不同，是建立健康婚姻关系的关键。正如世界上没有两片完全相同的树叶，每个个体都是独一无二的。在婚姻生活中，我们要学会尊重对方的差异，理解对方的喜好和需求，给予对方足够的空间和自由。同时，我们也要学会欣赏对方的独特性，让爱情在尊重与理解中得以升华。

第三，诚信原则：婚姻现实。

诚信原则在婚姻中扮演着举足轻重的角色。婚姻并非空中楼阁，而是现实的存在。在现实的婚姻中，诚信如同一座金字塔的底部，支撑着整个婚姻的稳定。当我们信守承诺，坦诚相待时，我们的婚姻便能坚如磐石。

第四，创造原则：价值递增。

创造原则是指通过不断地努力和创造，提升婚姻的价值。在婚姻中，我们要学会发掘对方的潜力，鼓励对方追求梦想。当我们互相支持、互相激励时，我们的婚姻生活将如同持续增值的资产，越来越有价值。通过共同努力，为我们的婚姻生活增加更多的色彩和乐趣。当我们用心去创造，我们会发现，这份爱情永远不会褪色，永远充满活力和生机。

第五，包容原则：求同存异。

包容原则是赢在婚姻的关键之道。在漫长的婚姻旅程中，我们难免会遇到分歧和不同意见。此时，我们需要学会求同存异、彼此包容。每个人都有自己的价值观和生活方式，我们不能强求对方完全按照自己的意愿去改变。相反，我们应该尊重对方的个性，学会接纳和欣赏对方的差异。"没有两个人是完全相同的，只有互相包容和理解，才能走向共同的目标。"

婚姻生活如同一幅美丽的画卷，需要我们用心去描绘。婚姻的五大原则为我们提供了宝贵的指南，让我们在爱的旅程中不再迷茫。从相遇到相守，让我们携手共进，用爱去书写属于我们的幸福篇章。

（4）婚姻的四大底层逻辑

在现实生活中，我们常常会看到许多婚姻出现问题，甚至走向破裂。那么，究竟是什么决定了一段婚姻的成败？下面，我们简单剖析一下婚姻的四大底层逻辑，为大家寻找和维持一段美好的婚姻提供一些启示。

底层逻辑一：社会契约。

社会契约，简单来说就是个人与社会、个人与个人之间的一种协议或契约。在婚姻中，这种契约主要体现在夫妻之间为了共同生活、共同经营家庭而签订的一种协议。

社会契约在婚姻中的体现是多种多样的。例如，夫妻双方需要遵守相互尊重、忠诚、信任等原则，这些都是社会契约的一部分。同时，夫妻双方还需要在财产分配、子女抚养、家庭责任等方面达成协议，并遵守协议中的规定和承诺。在法律和道德的双重约束下，要求夫妻双方都要有契约精神，对自己的承诺负责。

社会契约的根基是诚信。在现实生活中，婚姻就像两个人合伙开公司，如果能互相信任支持，两个人即便没有海枯石烂的浪漫爱情，也会齐心协力、相互各司其职、各尽所能，生活纵然平淡但也安稳，这样的婚姻也可以打 60 分了。

底层逻辑二：亲情。

婚姻作为两个人自愿选择的"后天家庭"，它的情感实质就是亲情。这种亲情不仅来自夫妻双方对彼此的爱，还来自他们在共同生活中，为了共同的目标和幸福而共同付出，从而形成的深厚感情。

婚姻中的亲情具有独特性。首先，它是一种基于自愿和自由选择的关系。夫妻之间通过相互吸引和认可，建立起深厚的感情，并在长期的共同生活中逐渐发展为一种亲情关系。其次，婚姻中的亲情是一种相互支持和协作的关系。夫妻之间不仅需要相互尊重和关爱，还需要相互支持和协作。最后，婚姻中的亲情是一种深厚的情感纽带。夫妻之间的亲情是一种最为自然、最为深刻的情感纽带，它不仅将夫妻双方紧密地联系在一起，还涉及家庭、子女等更广泛的社会关系。

底层逻辑三：资源配置。

从现实角度来看，婚姻的底层逻辑还表现为房子、车子等物质资源的合理配置，这是为了让两个人的生活更加舒适、便利。同时，资源的共享也是为了节约生活成本，提高生活质量。当然，这种资源的共享并不是单方面的付出和索取，而是夫妻双方一起把生产、生活资源合并，开始搭伙过日子，是房子、车子、票子的合理互补。这么做图的是什么？图的是家庭稳定、财富增值和平安稳定，强调的是责任。

底层逻辑四：互补组合。

互补组合不仅包括了性格、兴趣爱好、能力上的互补，还有生活经验、教育背景等方面的互补。这种互补组合让夫妻双方能够更好地发挥各自的优势，在共同生活中达到一种和谐、平衡的状态。

例如，性格上的互补可以让夫妻双方在面对问题时更容易理解和接受彼此的观点，避免因为性格不合而造成矛盾和冲突；能力上的互补可以让夫妻双方在共同完成任务时更高效、更顺利，避免因为能力不足而造成困难和挫折；兴趣爱好和生活经验上的互补可以让夫妻双方的生活更加丰富多彩，避免因兴趣不同而造成单调和乏味。

以上四大底层逻辑相互交织、相互影响，构成了婚姻稳定、健康、幸福的基础。我们需要全面理解这些底层逻辑，这样才能够在婚姻中更好地发挥自己的作用，共同创造美好的家庭生活。

在探讨完这些底层逻辑后，不难发现，婚姻幸福与和谐的关键在于"相互"二字。无论是相互适应、相互理解还是共同成长，都离不开双方的共同努力和付出。在婚姻的旅程中，用爱填满每一个角落，用心感受每一次悸动。

谁动了婚姻的奶酪

(1) 婚姻的生命周期

当我们从恋爱走向婚姻，我们的第一个孩子其实是婚姻本身。这个"孩子"从无到有、从小到大，有着自己的成长规律，它需要我们的照顾、管理和用心培育。

婚姻的生命周期	特征	方法
婚姻的幼稚期（0～5年）	夫妻双方面临着两次角色转换：从恋人到夫妻，从"我"走向"我们"；再从夫妻到父母，这一阶段如果有1～2年的婚后适应期，过渡起来相对要容易些	①要学会接纳真实而立体的对方，包括对方的生活习惯、家庭和朋友等，这是婚姻生活的一部分 ②要互相协调沟通、彼此包容，共同创造新的属于你们的生活习惯，包括合拍的言行举止、沟通方式、作息时间
婚姻的成长期（5～15年）	这个阶段，双方面临双重角色冲突：一是男人和女人的性别角色冲突，二是家庭角色和工作角色的冲突	①如今，不要纠结于谁主内谁主外，也不必计较家里到底谁说了算，夫妻理应彼此尊重、信任，用最合理的互补方式，保持及时充分的沟通，愿意为对方改变，愿意为家庭承担责任 ②在这个过程中，家里家外妻子会承担很多，提醒一点，请尽量做到主动选择、快乐付出，不要带着抱怨去生活 ③作为丈夫和父亲，男人在结婚5年后，应该对家庭和孩子投入更多的感情，同时在事业上支持妻子，在家里尽好丈夫与父亲的本分

续表

婚姻的生命周期	特征	方法
婚姻的中年期 （15～30 年）	中年婚姻是多事之秋，在很多家庭里，孩子的青春期和家长的更年期接踵而至，给家庭成员身心造成很多困扰	夫妻双方需要充分做好自我心理调适，平稳地度过这段多事之秋
老年婚姻 （30 年以上）	历经风雨，相爱的人依旧相伴，真的是一种幸福	①彼此支持：在对方遇到困难或挑战时相互支持，成为彼此的坚强后盾 ②保持浪漫：在平淡的生活中不要忽视浪漫和激情，如定期约会，表达爱意 ③懂得感恩：经常感谢对方对家庭所做的贡献

（2）婚姻满意度贯穿全周期

婚姻满意度调查表

序号	问题	满意度评分（1～5 分）
1	你对伴侣的整体满意度如何？	
2	你对与伴侣的感情深度满意吗？	
3	你对与伴侣的沟通方式满意吗？	
4	你对与伴侣在处理冲突时的表现满意吗？	
5	你对与伴侣在财务方面的处理方式满意吗？	
6	你对与伴侣在家庭责任分配上的表现满意吗？	

续表

序号	问题	满意度评分（1～5分）
7	你对与伴侣的亲密关系满意吗？	
8	你对伴侣的个人习惯和行为满意吗？	
9	你觉得伴侣对你的尊重和理解足够吗？	
10	你对伴侣的未来发展前景满意吗？	

说明

①请在每个问题后面填写你的满意度评分（1分表示非常不满意，5分表示非常满意）。

②对于每一个低于4分的项目，写下你希望伴侣能够改变或改进的具体方面。

③在完成这个表格后，与伴侣进行讨论，共同找出提升婚姻满意度的方法。

④每三个月重新评估一次，以监测婚姻满意度的变化。

可以根据实际情况和需要对其进行修改和扩展。希望这个表格能帮助你们提升婚姻质量！

解析

总分评估：将每个问题的评分加起来，得到总分。总分越高，表示婚姻满意度越高。总分在 50 分以上表示婚姻关系相对健康，满意度较高；49～40 分表示存在一些问题，但仍有改进空间；39 分以下表示婚姻关系存在较多问题，需要高度重视并解决。

重点关注低分项目：对于低于 4 分的项目，应作为重点关注和改进的方面。通过深入探讨和交流，找出问题所在，制订相应的改进措施。

总分与个人成长：定期重新评估婚姻满意度，记录总分的变化。如果总分持续提高，表示夫妻双方在婚姻关系中都有所成长和改进；如果总分停滞不前或下降，应反思并调整改进措施。

婚前应会：
修炼爱的五种能力

1. 懂得爱：掌握男女差异与相处智慧

（1）男女差异

虽然男性和女性的基因差异只有 1%，但这些微小的差异在很多方面造成了巨大的差异，使得男人和女人在某些方面像两个完全不同的物种，在爱情、婚姻、生活和性等方面存在着天壤之别。

性别 差异	男性	女性
禀赋	阳刚、责任、力量；男人需要鼓舞和启发，铁骨柔情	阴柔、善良、智慧；女人需要安全和保护，柔情似水，刚柔相济
两性解码	男人是蓝色的，喜欢冷静和沉默；重视力量、效率、成就；为性而爱，男人重视性爱的快乐	女人是粉色的，喜欢表达和倾诉；为爱而性；注重爱情的浪漫

续表

性别 差异	男性	女性
情感表达和沟通	在情感世界里，多数男人比较笨，没有那么强的直觉力和理解力。所以，女人们就别兜圈子了，有事直接说，有什么需要就直接表达	女人不妨主动做亲密关系的引导者和管理者，大方地让对方知道自己的感觉和需求，可以用各种语言和肢体动作来表达，还可以用微信语音、文字留言："我想要某物""我喜欢这样""这个周末能陪我看电影吗"等，用恰当的方式直接表明需求，不要用沉默和暗示代替主动沟通，你会发现，其实男人还是很听话的，很愿意为你做事情
思维方式	男人是左脑动物，擅长逻辑思维，做事是结果导向	女人是右脑动物，擅长语言沟通和传递情感，做事情在意过程和感受

虽然男女有别，但二者在人格上是平等的，应相互尊重。提到"男女平等"，一些女性希望能够扬眉吐气，"妇女能顶半边天"，她们雄赳赳气昂昂地上了生活的战场，但是无数人折腾半天才发现："男女平等"很可能是个坑，为什么呢？因为男人和女人天生不同，没必要非去争个谁输谁赢。真要追究什么男女平等，本质上应该是人格平等，分工不同。更重要的是，异性相吸、阴阳和谐才是爱情和婚姻存在的基础。

女人就该美如水，男人就该壮如山。尊重天性差别，做最好的自己，才是最大的男女平等。从这个意义上讲，与其是男女平等不如说是男女平衡。当女人活出温柔真实的自己，当男人展现出阳刚豪情的本色；当女人学会尊重男人，当男人懂得呵护女人，世界不就和谐了吗？

其实，男人要捧，女人要宠，求同存异、彼此成全，才是男女相处的门道。找到门道，按规律办事，才能你好我好，浓情蜜意。相爱的人就像鱼和水，在一起就是整个世界，分开便什么都不是。

(2) 夫妻的基本岗位职能

● 丈夫的十项全能

①主动承担养家创收的责任，做妻子可以放心依靠的保护神。

②心甘情愿做妻子的亲密倾听者，包容她的快乐、忧伤、无奈，甚至是歇斯底里的宣泄。

③鼓励和支持妻子的随性想法，比如换个发型、出去旅游，或者把家里窗帘换一种风格。

④随时随地赞美妻子的妆容，真心夸赞她在意的一些工作，或者家务。

⑤把家里的财务收支妥善安排好，尤其记得给妻子足够的个人花销支持，可以叫作"爱心一卡通"。

⑥必须记得妻子的生日、结婚纪念日、孩子的生日等关键日期，每次花心思庆祝，不一定非要花多少钱，关键是用心，让妻子体会到这份温暖的在意。

⑦生活中多一点浪漫，平时记得用短信、微信、贺卡等方式及时表达对妻子美好的祝福。

⑧尊敬妻子家中的老人，关爱亲戚朋友，让妻子既放心又自豪。

⑨只要条件允许，在家的时候多帮妻子分担家务，最好有几个拿手的菜。

⑩坚决摒弃大男子主义，学会懂得女性情绪的特点，多呵护宠爱自己的妻子。

现在，请赶紧对照检查一下，看看你家那位能做到几项？

● 妻子的十项全能

①懂得男人是靠尊严立于天地间的，随时随地给足丈夫面子，尤其是在外人面前，要表现得温顺一些，这并不是一件丢人的事。

②细心照顾丈夫，丈夫健康、有型也是妻子的骄傲。

③对丈夫的工作、收入、做人做事的能力多给予正面评价，多夸赞他，相信他。

④带着欣赏的心情支持丈夫的爱好，比如看球赛、读书、户外运动，甚至是"侃大山"。

⑤感谢丈夫在外打拼为家庭挣钱，为自己遮风挡雨，珍惜他的辛苦付出，最好的珍惜方式就是爱他、敬重他，勤俭持家，用心呵护这个被爱包围的家。

⑥对公公婆婆孝敬尽责，对丈夫家人好，会换来他死心塌地对你好。

⑦用心抚养子女长大成人，关于孩子的教育问题提前分工，主动承担。

⑧适度控制情绪，尝试多进行理性表达而不是任性唠叨，和丈夫的沟通就会更加顺畅高效。

⑨适当与丈夫分享自己的生活情趣、闺蜜话题、人生感悟等，或者向丈夫述说一些自己的小心事。

⑩发挥女人的爱美天性，时不时为生活加些喜悦的浪漫色彩，让丈夫在忙碌之余陶醉在你营造的二人世界里。

"一女贤德，惠及三代。"有一个称职的妻子，是男人天大的福分。只要这个男人不是太笨，懂得珍惜，他定能借助优秀的妻子展翅高飞，做出一番不俗的成就。

(3) 恩爱夫妻的日常沟通技巧

没有夫妻不吵架的婚姻，不吵架，意味着双方已经失去了沟通和表达不满的意愿，或者是因为他们对彼此已经失望了，不再愿意去解决分歧。没有沟通，"我的柔情你永远不懂"，当误解、问题逐渐累积到一定程度，很可能导致婚姻关系的破裂。

问题是谁造成的呢？当然是我们自己。那为什么我们不能把满腔柔情向对方表达清楚呢？

许多时候,不是我们没有表达的意愿,而是不懂夫妻沟通的技巧。原本一件很简单的事情,因为表达方式或是情绪化而变得复杂,甚至为此付出一定的代价,实在得不偿失。

假设有这样一个场景:

老公以前挺开朗,在家里爱说爱笑,但是,最近回来以后沉默寡言,总是不耐烦。

看到这样的情形,有的妻子可能会直接怀疑:老公是不是对自己变心了?然后,就开始指责抱怨,瞬间把事情推向糟糕的发展方向。

其实,事情的真相很可能是:最近几个月,经济环境不好,老公在业务上步履维艰,他随时可能丢掉工作,或是公司可能会倒闭。一个男人在外面打拼,本来就已经承受了巨大的压力,非常不容易,出于自尊,他没有办法在妻子面前流泪,也不能在妻子面前示弱,但这是他的家——能让他扫去一身疲惫的港湾。

作为妻子,你可以先善意地询问一下:"老公,这两天我感觉你回来不太说话,我很心疼你,是不是很累、压力很大?要不然我给你倒杯水,我们聊聊天,或者你先自己待一会儿,我去给你做好吃的。等吃完饭,我可以陪你到楼下散散步……"

这叫"家",这叫"夫妻之间爱的表达"。可惜,很多妻子不清楚这一点,她们经常是看到事情反常,就会劈头盖脸一通训

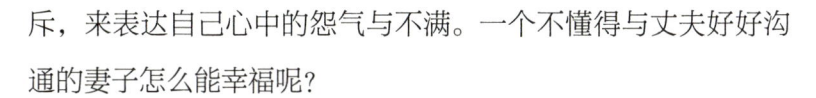

斥，来表达自己心中的怨气与不满。一个不懂得与丈夫好好沟通的妻子怎么能幸福呢？

爱需要行动，也需要表达。作为妻子，一定要学会用爱沟通。

● 把握"三不"原则

不生气：不要轻易发脾气。如果自己感到情绪激动或失控，应该先停下来冷静思考，不要让情绪影响到沟通的效果。采取冷静、理智的态度，以平和的心态进行沟通。

不抱怨：停止抱怨和甩锅，不要总是强调自己的委屈和对方的不足。要主动自我觉察、自我负责、自我成长，以积极的态度面对问题。

不计较：有些事情可能涉及细节和利益，如果总是计较，容易让双方都感到疲惫和烦恼。作为妻子，应该以宽容的心态面对这些问题，不要过分计较得失。

● 用好四大法宝

多听少说：态度比技巧重要。倾听，可以更好地理解丈夫的意图和感受。再者，你少说一些，也会给对方更多的机会来表达。

共情：从对方的角度出发，理解对方的感受和需求。例如，当丈夫加班疲惫回到家时，我们可以从他的角度出发，理解他的疲惫和压力，然后给予他一些支持和鼓励。

尊重：人都本能地会反感控制和胁迫。在沟通中，要尊重丈夫的意见和需求，不要强加自己的观点、感受。

表达需求：要学会以平常心分享一些信息与感受，而不是表达不满和指责。同时，要积极回应对方，以实现更好地共情。

● **掌握爱的五种语言**

肯定的言语：用积极的语言肯定和赞美丈夫的行为、决定、努力等，表达自己的感激和喜悦。这种肯定和赞美必须是真诚的，不能虚伪或过于夸大。

精心的礼物：送给丈夫一些有心意的礼物，如小礼物、卡片、手工艺品等，表达自己的关爱和思念。这种礼物不仅要有新意，还要考虑到对方的喜好和需要，让其感受到自己的用心。

身体的接触：通过亲密的肢体接触来表达爱意和亲近感，如拥抱、接吻、牵手等。这种接触不仅可以让双方感到亲密和温馨，还能增强感情的链接。

服务的行动：为对方做一些实际的服务，如帮助其完成家务、照顾其身体、为其安排休闲时间等，表达自己的关心和爱意。这种服务不仅可以让丈夫感到自己的存在和价值，还能增强彼此之间的信任和感情。

珍惜的相处：在相处中注重对方的感受和需要，尊重其意见和决定，与其共同创造美好的回忆。这种相处不仅可以让双方感到彼此之间的默契和亲近，还能增强彼此之间的感情和信任。

在现实生活中，表达爱与接受爱的方式很多，语言只是其中的一种。当我们用多种方式表达爱时，可以让对方更深刻地感受到我们的情感，并牢牢锁住对方的心。

2. 值得爱：提升个人魅力与婚姻价值

一位婚恋咨询师在朋友圈发布了一条关于灵魂伴侣的内容，引起了大家的强烈共鸣。他表达的主要观点是：现代离婚近七成由女性提出，很多女性表示，"离婚后要寻找真正的'灵魂伴侣'，否则不如一个人生活"。

其实，"寻找灵魂伴侣"是对理想婚姻期望值过高的表现。婚姻生活离不开"柴米油盐酱醋茶"，哪有锅不碰勺的呢？

现实生活中，许多离婚夫妻的感情没到破裂的地步，只是看不见或忽略了配偶60%～70%的好，而是从自我角度出发盯着配偶30%～40%的所谓缺点和不足，不断去抱怨、指责，甚至以离婚威胁配偶等，从而导致真正的婚姻危机。

我们从小被灌输一种理念，"寻找灵魂伴侣""寻找合适的另一半"，无论是家庭还是社会环境，哪怕欣赏一部电视剧，都在强调，我们要想获得幸福，唯一的方法就是去"寻找"，寻找谁啊？寻找白马王子、白雪公主？寻找高富帅、白富美？寻找完美的男神、女神？寻找灵魂伴侣？

醒醒吧！如果自己不优秀、不懂爱、不成长，你找到谁也没有用！尤其是这虚无缥缈的灵魂伴侣。

虽然这么说有些残忍，但它道出了事情的真相：灵魂伴侣不是你的药。

面对不满意的爱情婚姻，我们要掂量掂量自己，如果你连衣食住行都没有解决好，连功名利禄都没有超越，连爱恨情仇都没有体验过，那有什么资格奢谈灵魂伴侣？

灵魂伴侣有没有？有，而且是生命中最奢侈、最高贵、最美好的事物。但是，灵魂伴侣是人性最高峰的相遇，如果你是在山底下转悠的普通人，就不要痴心妄想了，还是先好好把基本功练好，自立自强地解决衣食住行，真诚热烈地去爱、去付出、去成长、去经历吧。

对于普通人来说，所谓幸福的婚姻，不是让我们去"寻找"适合自己的理想爱人，不是去拿"灵魂伴侣"当作万能解药，逃避自己在爱的世界里的幼稚、懦弱与无能，而是要不断学习与成长，不断超越自私、狭隘的"小我"，成为更优秀、更有魅力的爱人，成为自我负责、主动奉献、勇于示弱、善于绽放、懂得爱且值得爱的一个人。

女人这一生最大的使命就是创造更美丽、更值得爱的自己。宁愿花时间去修炼不完美的自己,也不要浪费时间去期待完美的别人。

学会自我成长,让自己变成一个值得爱的人,关键做好以下三点:

小我升华大我。从回车模式转为选择模式,从抱怨模式转为感恩模式,从欲望模式转为珍惜模式,从评判模式转为建设模式。

自我负责。健康、丰盛、美满藏在快乐的后面,先找到快乐,就找到它们了。成为快乐的人就是对别人最大的帮助,不要试图控制和改变身边的人。

悦纳一切。这个世界上没有受害者和拯救者,只有创造者和体验者。做一个接纳者与转换者,无论别人怎样,你都感觉很好,都能接纳,这才是无条件的爱。

阅己,审视自己,认清方向;越己,超越自己,先破后立;悦己,愉悦自己,身心自在。

与自己和解是一切美好的前提,爱自己是一切的源头。

我们不快乐、不美丽往往是因为放不下、看不开、舍不得,是因为缺爱。生活不易,自己的幸福自己做主。擦干泪水,绽放最真最美的笑容,每天都能量满满地生活。

下面，推荐十种提升自己能量的常用方法：

①经常赞美身边的人，特别是父母、孩子和伴侣。

②经常闭上眼睛深呼吸，觉察呼吸和身体的存在。

③尽可能地多微笑。

④经常冥想。

⑤多运动，享受流汗的快乐，让自己越来越健康。

⑥早睡早起，养成良好的作息习惯。

⑦整理居室和办公室，学习断舍离。

⑧尽量不对身边的人发脾气，以更加温和、委婉的方式表达自己的意见。

⑨减少欲望，买东西前问问自己是不是真的需要它。

⑩主动关心身边的人，经常送一点小礼物给他们。

人生非常短暂，作为女性，就要像花儿一样绽放，用蝴蝶破茧的力量改变自己，放下过去的委屈与怨恨，过去的人别再留恋，过去的事别再回头，离开的不遗憾，留下的要珍惜。爱的能力是人生的必修课，每个女人都是一颗美丽的珍珠，需要用爱创造自己的皇冠，为美丽加分，为幸福存款！

一个人需要有爱的能力，才能拥抱幸福人生。很多人不理解这一点，会问什么是爱的能力？

不管这个能力是什么，它首先一定是自己已经拥有的东西，而不是自己缺失某样东西去向别人讨要。爱的能力并不是天上掉下来的苹果，它是建立在我们对自己的充分了解，且对现实生活有真切的感受的基础之上，然后通过不断学习和成长，修炼出一个越来越好的自己。这样，我们才能够吸引和自己同样美好的人，共同创造幸福的生活。

爱是需要学习的，懂爱才能去爱，会爱才是真爱。爱是用一颗真诚、关怀、包容、体谅和奉献的心，去心甘情愿地温暖世界。爱本身一定是富足的，爱是给予和成全，不是索取和要求。

女人是世界上最神奇的存在，爱与美有着不可替代的价值与力量。做一朵世界上独一无二的花，做时间的朋友，做一个会爱、懂爱的女人。身心合一、内外兼修，一位养心的女子必然养眼。

3. 忠贞爱：确定唯一合适的结婚对象

很多人会关心：寻找结婚对象是否有最佳窗口期？当然是有的。一般来说，女性在25～30岁，男性在27～32岁是情场最风光的好年华，也是所谓的恋爱结婚最佳年龄。这个年龄段的单身朋友，优势多多，叫好又叫座。不过，偏偏有人不珍惜这大好年华：帅的不敢要，丑的不喜欢，条件好的配不上，条件差的看不上，一路挑肥拣瘦，左看右看，到最后把自己耽误了！

当然，择偶对于婚姻的幸福仅仅是最初的一步，它并不代表整个婚姻生活的全部。如果把选择配偶比作选择一道菜的原材料，那幸福婚姻就是夫妻精心创造出来的一道佳肴。由此，我们可以得出这么几点：朽木不可雕，选好原材料很重要；技艺不精，徒劳无功；要门当户对，文化和习性鸿沟很难逾越；价值观念、性格要匹配；要考虑自然年龄、心理年龄、社会年龄。

很多人在进入婚姻时有一些矛盾心理，总结起来，主要表现为以下几个方面：

不知道父母的态度是怎样的？

父母是否会给足够的祝福？

能否看重并尊敬对方的父母？

父母是否会干涉自己的婚姻？

在哪儿安家，怎么买房，是否跟父母同住？

要不要孩子？如果要，什么时候要？生几个？主要由谁负责照顾？孩子将来的教育模式是怎样的？

如何宽容对方，如何求同存异？

对方是否愿意和自己并肩面对婚姻中的一切困难？

……

建议大家要认真讨论这些问题，这真的有助于婚姻的健康发展。如果只有热烈的爱情，而害怕面对这些问题，那么甜美的爱情也就很难转化为幸福的婚姻。

爱情浪漫，婚姻现实，一旦开始谈婚论嫁，就必须理性和现实。而现实的第一步，就是确保选对最适合自己的结婚对象。通过对上述问题的认真思考，确认结婚对象应该从以下五个方面来评估。

①三观一致。人生观、价值观和世界观是人们思想、行为以及价值判断的基础。选择一个与自己三观一致的结婚对象是非常重要的，这能够保证两个人在遇到问题时更容易达成共识，避免因为观念不同而产生矛盾。

②家庭背景相似。家庭背景的相似性对于婚姻稳定和幸福至关重要。如果两个人的家庭背景相似，成长环境、家庭教育以及生活习惯等方面就会有很多共同之处，这可以让两个人更容易相互理解和接受。

③年龄相当。年龄相当是一个重要的因素，年龄差距过大会增加婚姻中的不和谐因素。虽然年龄不是绝对的，但年龄相当的两个人在生活节奏、生理需求以及心理需求等方面更容易相互匹配。

④受教育程度相当。受教育程度相当的两个人在知识水平、认知能力、生活情趣等方面更容易相互匹配。这可以让两个人更容易相互理解和支持，同时也有利于后代的成长和教育。

⑤性格互补。性格互补的两个人在相处中更容易相互适应和接纳对方的缺点和不足。互补的性格可以让两个人在婚姻生活中取长补短，增加彼此的幸福感和满意度。

在基本确定了结婚对象后，接下来，要与对方开诚布公地说明三件事：

①约定吵架底线。约定底线，也就是约定一些冲突的终止原则。比如，冷战不得超过48小时。当然，实际操作中可能会有一些困难，但是坚持这种原则可以帮助夫妻更快地解决矛盾，维持婚姻的稳定。

②坦诚个人的健康状况。交换双方的疾病史是一个很好的做法，这可以帮助夫妻双方了解彼此的健康状况，并在未来可能出现问题时更好地相互支持。精神疾病和家族遗传病史也应坦诚相告。如果有任何你不确定是否可以让伴侣知道的事情，那么最好在婚前就坦白。诚实是建立健康婚姻的基础之一。

③明确婚姻的底线。对于婚姻的底线，每个人的看法可能会有所不同。一些人可能认为出轨、不尊重、赌博是底线，而另一些人可能认为家暴、借高利贷等是底线。这些都是不能被接受的，但每个人的接受程度有所不同。明确你的底线可以帮助你在婚姻中更好地保护自己，并在遇到问题时做出正确的决定。

在这些问题上保持开放和诚实的态度是非常重要的，这可以帮助夫妻双方更好地理解彼此的需求和期望，从而建立健康、稳定的婚姻关系。

4.负责爱：携手规划幸福婚姻

有人说，成功的婚姻，不仅是一对相爱的男女，经过法律认可结为夫妇，凭着理智与良知的相互承诺，终生不渝地相依为伴，也意味着两个高尚品格的融合，是夫妻双方用心经营、长期努力创造的成果。

如果一男一女在法律上结成了夫妻，但各自都想保持原来的那个"自我"，试图"我行我素"，一味追求个性自由，那就不可能有成功的婚姻。幸福的婚姻需要责任感，这种"责任"主要表现在三个方面：

①横向看：真想结婚，首先要管住泛滥的爱情，必须专一。也许以前是桃花朵朵开，结婚后就只能"只爱你一朵"了。爱是需要以责任为基础，保持忠诚的，这就需要约束一部分爱的感觉，使自己爱的能力集中于爱那个经过选择的、能够长久爱下

去的人。

因此，如果你遇到多个你认为值得爱的人，那么你必须选择究竟和谁牵手，并走进婚姻。这种选择是很不容易的，有许多复杂的因素需要考虑，例如家庭文化背景、个人的受教育水平、价值观、性格情趣、交往圈子、与亲属朋友的关系等。这就需要时间，需要交往，需要沟通，需要权衡，需要割舍。因此，那些仓促行事、草率做出决定的夫妻，很难实现真爱的承诺，婚姻的失败也可能源于此。

②纵向看：明确并提高两个人爱情的层次与品质，才能进入到婚姻阶段。毫无疑问，爱情是通向成功婚姻的桥梁。爱情是男女之间最强烈的感情，也是个人社会化的产物，恋爱关系是两个人精神接近的持续和巩固。

相信爱情，并且认识爱情的基本特征，相爱的人才有可能不被本能的性冲动所误导，不被浪漫激情的假象所迷惑，从而寻求在精神追求、美学修养和道德情操方面的一致，两个人志同道合，相互体贴，不断升华与坚定这份爱情，携手开创更加美好的未来。

③现实角度看：两个人需要客观评估，并且理性地面对生活的种种变化与责任。结婚不仅意味着两个人追求爱情的甜蜜持久，他们还要与周围世界和谐共处，对双方的家族传承、职业发展、人际圈层做出贡献，要能在更广阔的背景下去享受夫

妻之爱，去为爱成长。

特别是在婚前，要做一份属于自己的幸福婚姻规划，成功的婚姻离不开家庭规划，家庭规划越合理，执行越到位，婚姻就越成功。清晰而详细的家庭规划是婚姻幸福的保障，是一个家庭沿着美好蓝图前进的航标，有了它，这个家的幸福就有了方向。一个完整的家庭规划至少应包括四个方面的内容：生活规划、生育规划、理财规划和个人规划。

生活规划。生活规划是家庭规划中最重要的内容，它主要包括什么时候购房，什么时候买车，什么时候添置新家具，什么时候购买新家电，学习、旅游、孝敬老人、生活开销等，都属于生活规划的内容，生活规划要根据家庭的经济条件来制订。

生育规划。生育规划和生活规划同等重要，它主要是指夫妻双方打算什么时候生孩子，有没有抚养孩子的经济能力，哪一方的老人可以协助照顾等。如今，抚养孩子的费用绝不是一个小数目，如果没有提前做好夫妻分工与生育规划，无法承担这笔开支，孩子却意外降临，那喜事便变成了忧心事。

理财规划。理财规划必不可少，它能让婚姻更牢固。如夫妻双方的收入来源、创业创收可行性、股票投资各种理财产品的选择，都需要合理规划。只有做好理财规划，在该用钱的时候不缺钱，才能在未来的婚姻生活中少一些争吵和困惑，多一份保障和安宁。

个人规划。个人规划关系到一个人未来的发展，主要是职场、事业发展层面的定位、目标与执行要求，如果夫妻双方都能为对方的发展提供支持，那么家庭成员未来的发展越好，创造的物质财富越多，就越能为家庭提供殷实的经济保障。

婚姻是一种理性的结合，选择了就要承担起属于自己的那份责任。婚姻更是一种投资和学习，并把感性和理性结合，将爱情与责任都扛起来的成长过程。

在家庭规划中，夫妻可以制订一个婚姻公约，就是结婚后家庭生活中的约法三章，主要包括哪些事情是鼓励做的，哪些事情是不允许做的；再就是遇到重大问题怎么决策；双方产生严重分歧时要如何处理等，这些规矩如果在结婚前能明确提出并达成一致，那么它们会对今后的生活有很大的促进和管理作用。

5. 理性爱：婚前准备与婚礼策划

爱情，如诗如画，如梦如幻。然而，当我们决定步入婚姻的殿堂时，现实的问题也随之而来。婚礼策划、彩礼和嫁妆、婚前财产等成了必须面对的问题。在这个过程中，理性的思考和准备显得尤为重要。

（1）备婚：物质与精神层面都要考虑

在筹备婚礼时，我们都希望让这个特殊的日子尽善尽美，然而在追求表面的繁华与浪漫时，常常忽视了其背后的代价。

要知道，结婚并不仅仅是两个人的事情，它涉及两个家庭，甚至更广泛的社交网络。因此，在备婚时，不仅要考虑物质层面，也要考虑精神层面。在物质层面，以一套90平方米左右的商品房简单装修和一套中档家具为例，这可能就需要几十万、上百万元的投入。但这还没有算上其他的费用，比如，婚礼摄影、婚纱、钻石戒指、婚宴以及婚庆服务等，这些加起来需要不少钱。

另外，也应该注重婚姻的精神层面，即在筹备婚礼时，要体现我们之间的爱意和用心。婚礼不只是表面上的浪漫和奢华，它应该是新人对爱情和承诺的郑重宣告。

在今天，如何引导新人科学、健康、合理消费，已显得重要而迫切。尽管现在的生活水平提高了，年轻人结婚开始注重质量，但最好不要进入盲目攀比、空讲排场的误区。婚礼形式可以多元化，一对新人相互间多商量，适当尊重双方家长的意见，只要多用心，真正能够体现神圣庄严、浪漫美好就够了。

(2) 进行理性的婚礼策划

婚礼，是一生中最美好的时刻之一，它不仅是两个人爱情的见证，还是一场盛大的仪式。在策划婚礼时，新人们需要充分考虑预算、场地、主题、布置等各个方面。首先，制订一个详细的预算计划，合理分配各项开支，避免超支。其次，选择一个合适的场地，根据场地的特点和自己的喜好确定婚礼主题和布置风格。最后，与婚礼策划团队保持良好的沟通，确保每个细节都能达到预期的效果。

婚礼上浪漫唯美的现场布置、中西合璧式仪式流程，亲友

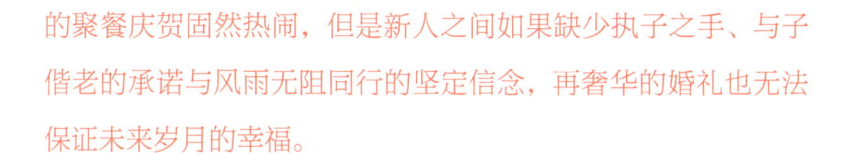

的聚餐庆贺固然热闹，但是新人之间如果缺少执子之手、与子偕老的承诺与风雨无阻同行的坚定信念，再奢华的婚礼也无法保证未来岁月的幸福。

（3）依经济情况确定彩礼和嫁妆标准

彩礼和嫁妆，作为中国传统婚姻习俗，一直以来都是备受关注的话题。在讨论彩礼和嫁妆问题时，双方应该坦诚相待，尊重彼此的意见和立场。彩礼和嫁妆的金额应该根据双方的经济情况和文化背景来确定，不应成为一种负担。更重要的是，彩礼和嫁妆不应成为衡量婚姻幸福的标准，而是一种表达诚意和祝福的方式。

（4）做好婚前财产公证

在结婚前，婚前财产也是一个必须理性对待的问题。在婚前，双方应该坦诚地交流各自的财产状况，明确财产的归属和分配方式。可以通过签订婚前协议等方式，对财产问题进行规范和明确。这样不仅可以避免日后可能出现的纠纷，还能为婚姻生活的稳定和幸福打下坚实的基础。

备婚是一个繁琐而又令人充满期待的过程。从婚礼策划到彩礼和婚前财产的处理等，新人们需要理性地对待各种问题，并针对一些细节进行协商、坦诚地沟通，在尊重彼此的意见和需求的基础上，共同寻找最佳的解决方案。同时，也不要忘记在这个过程中保持爱的温度，让爱情成为解决问题的动力和支撑。

结婚的形式不重要，关键要量体裁衣，用心诠释爱意。值得欣慰的是，国家有关部门、有些地方政府开始倡导节俭、文明的新式婚礼，这是很好的开始。所有相信爱情的人都应记住：结婚是为了郑重宣告幸福一生、风雨同舟的开始，而不是炫耀物质、随波逐流的表演。

婚中经营：
一半守护，一半接纳

1. 开好三场赋能会

(1) 个人静思会

在忙碌的生活中,我们常常忽略了与伴侣之间的沟通和理解。为了帮助夫妻建立幸福美满的婚姻,可以有针对性地开展"个人静思会"。

什么是个人静思会?

个人静思会是一种自我反思和内省的过程,通过独自思考和记录自己的想法、感受和需求,从而更好地认识自己,提升自我认知。

开展个人静思会有四大好处:

其一,增进了解。通过个人静思会,夫妻双方可以更加深入地了解彼此的需求和期望,从而增进感情。

其二，提升沟通。个人静思会有助于提高夫妻间的沟通能力，让双方更加真诚地表达自己的想法和感受。

其三，解决问题。通过个人静思会，夫妻双方可以发现婚姻中存在的问题，并寻求解决方案，从而促进婚姻的健康发展。

其四，共同成长。个人静思会可以帮助夫妻双方明确自己的目标和方向，共同努力达成这些目标，从而实现共同成长。

那么如何进行个人静思会呢？

①设定时间和地点。选择一个安静、舒适的环境，确保自己在这段时间内不会被打扰。可以选择在周末或者晚上进行，每次持续30～60min。

②准备工具。准备一个笔记本和一支笔，用于记录自己的想法和感受。也可以选择使用手机或电脑等电子设备，但请确保在此期间不会受到干扰。

③开始静思。在开始静思之前，可以先进行深呼吸，放松身心。然后回想过去一段时间内的婚姻生活，思考以下问题：

"我在这段婚姻中感到最幸福的事情是什么？"

"我在这段婚姻中感到最不满意的事情是什么？"

"我希望在这段婚姻中得到什么？"

"我可以为这段婚姻做出哪些改变？"

④记录想法。将自己的想法和感受记录下来，尽量做到真实、具体。不要担心自己的表达是否完美，重要的是诚实地面

对自己的内心。

⑤分享和讨论。在完成个人静思会后,与伴侣分享自己的想法和感受。可以选择在一个安静的环境中进行,确保双方都有足够的时间和精力进行交流。在分享过程中,要保持开放和尊重的态度,倾听对方的想法和感受。

当我们在个人静思会中意识到自己对伴侣的期望过高时,我们可以思考如何调整自己的心态和行为,以更实际的方式与伴侣相处。或者当我们在个人静思会中意识到自己忽略了伴侣的需求时,我们可以及时与伴侣沟通,寻找解决办法。

可以根据你的感受和反思,制订一个行动计划。这个计划可以是你打算如何改变自己的行为,也可以是你打算如何改善你们的婚姻关系。

个人静思会

时间：_____ 地点：_____

> 我在这段婚姻中感到最幸福的事情是什么？

> 我在这段婚姻中感到最不满意的事情是什么？

> 我希望在这段婚姻中得到什么？

> 我可以为这段婚姻做出哪些改变？

(2) 夫妻沟通会

许多年轻夫妻在面对问题时，常常缺乏有效的沟通方法，导致矛盾关系加深，甚至走向破裂。为了帮助年轻夫妻更好地应对这些问题，可以尝试"夫妻沟通会"这种方法。

夫妻沟通会，是指夫妻双方在特定时间、地点和情境中，共同参与的沟通会议。通过这种方式，可以更好地了解彼此的需求、问题和想法，从而找到解决问题的方法，提升婚姻幸福感。

例如，当夫妻之间出现分歧时，可以通过"夫妻沟通会"了解彼此的立场和需求，从而找到最佳的解决方案。或者当夫妻彼此疏远时，可以通过"夫妻沟通会"重新建立亲密关系，增强感情基础。

要开好"夫妻沟通会"，需要掌握以下要点：

①营造良好的沟通氛围。在日常生活中，双方应该保持开放的心态，尊重对方的意见和感受。

②学会倾听。在沟通过程中，不仅要表达自己的观点，还要认真听取对方的意见和建议。如果只是单方面地表达自己的想法，很容易让对方感到被忽视。因此，夫妻间应该相互倾听，尊重对方的意见，共同寻找解决问题的方法。

③表达想法。在倾听对方的同时，也要表达自己的想法和观点。在表达过程中，要保持冷静和理智，避免情绪化的言辞

和行为。

在沟通中要学会正确表达自己的情感。比如，要诚实、冷静，不要隐藏自己的感受或避免谈论某些问题，而是要真实地表达自己的想法和感受。再如，适当用"我"语句，避免将自己的情感归咎于对方，而是将焦点放在自己的感受上。

④寻找共同点。在沟通过程中，要寻找共识，从而找到解决问题的最佳方法。如果存在分歧，可以尝试换位思考，理解对方的立场和感受。

⑤确定行动计划。在沟通会结束时，要确定解决问题的行动计划。包括具体的分工、时间表和预期结果等，以便双方明确自己的责任。

夫妻之间的沟通是维系婚姻幸福的重要因素。在日常生活中，夫妻之间应该营造良好的沟通氛围，学会倾听、表达自己的情感，以及包容对方的缺点。相信夫妻之间只要能够掌握有效的沟通方法，就能够建立幸福美满的婚姻。

在沟通会中，不要忘记向对方表达感激和爱意。肯定对方的优点和努力，可以让对方感受到被爱和被重视，从而加深夫妻之间的感情。

(3) 全家总结会

"全家总结会"是指全家人共同参与,回顾、总结过去一段时间的家庭生活,分享彼此的感受和经验,并共同制订未来一段时间的家庭目标和行动计划。通过这种方式,可以更好地了解彼此的需求和期望,积极应对家庭生活中的各种挑战。

全家总结会可以被看作是家庭幸福的赋能会——幸福婚姻并不是指没有矛盾和冲突的婚姻,而是指在面对困难和挑战时,所有家庭成员能够相互支持、理解和共同成长。

和谐、有效的全家总结会不但能让家庭关系更加和谐,而且能让婚姻更加美满。在会上,大家可以更好地了解彼此的需求和期望,积极应对家庭生活中的各种挑战。

那么如何通过开"全家总结会"来提升幸福婚姻感呢?以下是一些建议:

①确定时间和地点。选择一个适合大家参加的时间,可以是周末或者节假日。地点可以选择在家里的一个舒适的地方,如客厅或者餐厅。

②准备会议议程。提前为全家总结会制订一个议程,列出需要讨论的主题和问题。这样可以确保会议进行得有条不紊,避免浪费时间。

③邀请家庭成员参加。在全家总结会前,要提前通知家庭成员,邀请他们参加。确保每个人都有足够的时间准备和反思。

④营造轻松的氛围。在会上，要营造一个轻松、愉快的氛围，可以播放一些轻松的音乐，或者准备一些小零食。

⑤轮流发言。为了让每个人都有发言的机会，可以轮流发言。每个人可以分享自己在过去一段时间里的喜怒哀乐，交流彼此的感受和想法。

⑥倾听和理解。每个人要有足够的耐心去倾听对方的意见和感受。不要急于表达自己的观点，而是要先了解对方的立场和需求。

⑦共同寻找解决方案。大家可以共同找出问题的根源，制订解决方案。这样，才能让全家总结会变得有意义。

⑧制订共同的目标和计划。这些目标可以是家庭、事业、健康等方面的。有了共同的目标，大家才能更加团结一致，共同努力。

在全家总结会上，要学会感恩和珍惜。感谢对方在生活中的付出和努力，珍惜彼此在一起的时光。

当然，全家总结会不应该是一次性的活动，而应该成为家庭的一种习惯。可以每个月或每个季度举行一次，让大家都有时间准备和反思。

为了便于记忆和理解，可以将会议内容整理成小册子，包括会议纪要、重点内容、待办事项等。这样可以帮助我们更好地掌握会议的精髓，从而更好地落实会议的决策。

婚中经营：一半守护，一半接纳

全家总结会

时间：_____　　地点：_____　　主持人：_____

参会人员

会议主题

会议内容

2. 实践三堂幸福课

（1）幸福存折

在这个快节奏的社会里，夫妻之间的关系有时会像被风吹过的落叶，飘摇不定。然而，有一种方法可以让这棵关系的树根更深，枝叶更茂盛，那就是建立一份属于两个人的"幸福存折"。

在婚姻或伴侣关系中，"幸福存折"是一个形象的比喻，它代表了夫妻双方在情感层面上对彼此的投资和储蓄。这个概念基于情感银行理论，即每个人心中都有一个情感账户，关系中正面的互动和体验就像存款，而负面的互动和体验则像取款。

想象一下，在晨曦初露的时候，你们一起在厨房准备早餐，他煮咖啡，你烤面包，无须多言，只须一个微笑，一份默契，这一天的心情就变得格外美好。这就是存入幸福存折的一笔小款。

或者，在夕阳西下的时候，你们手牵手漫步在公园的小径上，聊着彼此的童年，梦想着未来的旅行，这样的时光，简单却珍贵，它们也是幸福存折的一部分。

在爱的存折里，每一笔小小的投入都能汇聚成幸福的海洋。夫妻双方可以尝试以下这些温馨的小窍门，让爱情的小金库越来越充实！

①爱的便签：在冰箱、镜子上或对方的包里悄悄放上一张写满爱意的小便签，让对方在忙碌的一天中感受到你的关怀。

②甜蜜的微信：在对方不经意的时候，发一条"我想你了"或"今天辛苦了"的微信，让甜蜜的讯号穿梭在空气中。

③共享美食：为对方准备一顿特别的晚餐，或者一起尝试一家新开的餐厅，用美食来滋养彼此的味蕾和心灵。

④周末小旅行：计划一次周末的小旅行，哪怕是附近的景点，也能为你们的关系带来新鲜感。

⑤赞美不停歇：发现对方的新发型、新衣服或者任何值得称赞的地方，不要吝啬你的赞美之词。

⑥共同回忆：拿出相册，一起回忆那些美好的瞬间，让过去的甜蜜成为现在的温暖。

⑦送上小小的礼物：不一定要等到特殊日子才送礼物，一个小饰品、一本好书或一束鲜花，都能让对方感受到你的爱意。

幸福存折不是一夜之间就能填满的，它需要夫妻双方用心去经营，用爱去储蓄。在对方需要的时候给予支持，在对方疲惫的时候给予安慰，在对方成功的时候给予赞美，这些都是存入幸福存折的方式。

所以，爱的存折不需要巨额存款，它需要的是持之以恒的小额投入和细水长流的关怀。通过这些轻松而温馨的方式，你们的关系将变得更加甜蜜和牢固。

幸福存折，不是一个实实在在的存折，而是一份心灵的契约，一种情感的储蓄。它记录了夫妻间每一个温暖的瞬间，每一次深情的对视，每一回无言的理解。这些都是存入幸福存折的"款项"，它们在时间的流逝中慢慢积累，成为夫妻间最宝贵的财富。

当然，生活中难免会有风雨，会有争吵和误解。这时，幸福存折就发挥了它的作用。它可以像一道防护罩，抵挡外界的风风雨雨，也可以像一盏明灯，照亮彼此的心房。因为它记录了太多美好的瞬间，所以在困难面前，夫妻双方都能从中汲取力量，找到解决问题的勇气和智慧。

从现在起，让我们一起努力，为幸福存折存入更多的款项吧！无论是一杯暖心的热茶，还是一次深情的拥抱，无论是一封手写的情书，还是一次意外的惊喜，都能让我们的幸福存折更加充实。

(2) 夫妻聚宝盆

夫妻聚宝盆，如同一个神秘的宝库，装载着夫妻共同度过的欢笑与泪水，以及相互扶持与理解。它见证了夫妻间成长的点滴，也收藏了彼此心中的感激与爱意。

在这个纷繁复杂的世界里，夫妻之间的关系就像一朵娇嫩的花朵，需要不断地浇灌和呵护。而"夫妻聚宝盆"便是这朵花的滋养之源，它象征着夫妻间无尽的情感和珍贵的回忆。这个聚宝盆并非实体，而是一种心灵的寄托，一种情感的汇聚。

夫妻需要在这个聚宝盆中种下信任的种子，让它在心灵的土壤中生根发芽，长成坚实的树干，支撑着彼此的人生。当他们在其中注入理解的雨露，它便滋润着彼此的心灵，让爱情的花朵绽放出更加绚烂的色彩。当他们在其中融入包容的阳光，它便温暖着彼此的心灵，让夫妻之间的关系更加和谐美满。

夫妻聚宝盆需要夫妻双方共同努力去维护和滋养。如果我们把家比喻成一条在浪里行进的船，那么夫妻两个人就是共同划桨的人，配合得好船平稳前进，配合得不好船会打转倒退甚至有翻船的风险。这就说明维护一个家的平安幸福，不是一个人就能做到的，这需要两个人齐心协力，共同使劲，一起面对。夫妻双方都要抱着主人翁心态来当舵手，那么家才能驶向幸福的港湾。

在日常生活中，每一次微笑的交流，每一次关心的问候，每一次共同度过的美好时光，都是向这个聚宝盆中投入的宝贵财富。它们在夫妻间架起一座座桥梁，让彼此更加贴近，更加懂得珍惜。

让我们携手，用爱和关怀，共同守护夫妻聚宝盆，让它在我们的心中永远熠熠生辉。在这个聚宝盆中，我们将播下幸福的种子，收获美好的果实，让我们的夫妻关系如同宝石般闪耀，如同花朵般绽放。

在夫妻聚宝盆中，双方要用温暖和浪漫点缀着生活的每一个角落——一起做饭、洗碗，分享家务劳动的快乐；一起看电影、散步，享受二人世界的甜蜜；一起旅行、探索，留下美好的回忆。两人用心去经营婚姻，让每一天都充满爱意和温馨。

(3) 写给爱人的一封信

爱人之间写信,是一种培养感情、增进理解和深入沟通的美好方式。它有许多独特的优点和意义。比如,可以让人更加深入地表达自己的情感,有时候一些难以口头表达的感受和爱意,通过文字可以更加细腻和真挚地传达给对方;又如,信件可以保存很长时间,成为两人之间美好回忆的实体纪念。

当然了,每个人的笔迹都是独特的,手写信件可以展现个人的风格和特点,这种个人化的触感是电子邮件或短信无法替代的。

总之,在互联网时代,写信是一种特别的沟通方式,它不但能够传递夫妻之间的深情,给彼此留下美好的回忆,还能增加交流的深度和质感。

幸福婚姻手账

宝贝：

　　见字如面，展信欢颜。

婚中经营：一半守护，一半接纳

读幸福婚姻手账

谢谢你出现在我的生命里，谢谢你爱我。

——你的爱人

> # 婚后守护:
> ## 婚姻中的"红灯"与"加油站"

1. 四大"红灯"行为与应对之策

(1) 遇到糟糕的婚姻，赶紧逃

周桂琴出生于20世纪70年代初，与丈夫结婚二十多年，在深圳生活和工作。丈夫是出租车司机，负责家庭的日常开销，周桂琴主要在家照顾孩子。

他们是经朋友介绍认识的，相处一年后，彼此感觉都不错，就结了婚。可是，婚后两人总会因家庭琐事争吵。丈夫脾气暴躁，容易情绪失控，严重时还会对她拳打脚踢。有一次为躲避暴力伤害，周桂琴独自去外地亲戚家散心，丈夫却认为"她跟人跑了"，非常气愤，扬言说"她不主动回家，我就不去接"，只不过后来因为儿子年幼需要照顾才将她接回，但此后总怀疑她跟异性关系不正常，她也被家暴多次。

周桂琴无法忍受丈夫的恶行，但想到"孩子还小，不想影响孩子的成长"，只能容忍下来，这一忍就是二十多年。近几年，丈夫的暴力行为越来越频繁，发怒时会将她的衣物扔出去、赶她走，并表示不会分任何财产给她。周桂琴觉得自己活得毫无尊严和希望，考虑到儿子已经结婚成家、不需要自己照顾，便主动提出离婚，但都被丈夫拒绝了。

这天，丈夫又毫无缘由地对她恶语相向，说"娶媳妇就是来伺候自己的，我想让你干吗你就得干吗"。当丈夫再次举起拳头时，她害怕至极，最终选择了报警。

据资料显示，婚姻中存在家庭暴力的情况还真不少，而且由此产生的悲剧也时有发生。无论谁打谁，夫妻之间只要出现事实上的暴力伤害，只要有一次，就是严重的"闯红灯"！既然闯了红灯，就必须刹车，找警察、找爸妈、找朋友、找律师、找咨询师都行，就是不能放纵家庭暴力的一再发生。

任何矛盾都可以用正常的成年人的理性方式面对，可以闹情绪，可以吵架，甚至可以分手离婚，但是，不可以有打人、伤人的暴力行为，这是底线，不容挑战。

家庭暴力是一种严重的社会问题，它不仅危害了受害者的身心健康，也破坏了家庭和睦和社会稳定。因此，必须坚决反对和打击家庭暴力。

①家庭暴力的定义。家庭暴力是指发生在由婚姻或亲密关系、血缘和法律而联系在一起的家庭成员之间的暴力行为。

根据我国相关法律的规定，行为人通过家暴的形式虐待家庭成员且情节达到恶劣程度的，即构成虐待罪，一般判处二年以下有期徒刑、拘役或者管制；因其家暴、虐待行为而造成被害人重伤或死亡的，应判处二年以上七年以下有期徒刑。

②家庭暴力的分类。

一般的家庭暴力和犯罪的家庭暴力。一般的家庭暴力指的是日常生活中的暴力行为；犯罪的家庭暴力指的是在家庭成员间发生的严重侵害他人身体健康、生命安全的行为。

针对生理、心理和针对性的家庭暴力。针对生理的家庭暴力指的是直接伤害家庭成员的生理器官等；针对心理的家庭暴力指的是对家庭成员实施精神或心理上的折磨、摧残；针对性的家庭暴力指的是对家庭成员实施强奸、猥亵等性行为。

侵犯人身权利的家庭暴力与侵犯财产权利的家庭暴力。侵犯人身权利的家庭暴力指的是针对家庭成员人身自由、人格尊严等方面的侵害；侵犯财产权利的家庭暴力指的是在家庭成员间发生的盗窃、诈骗等行为。

轻微的家庭暴力、严重的家庭暴力和极严重的家庭暴力。轻微的家庭暴力指的是偶尔发生的轻微殴打、伤害等行为；严重的家庭暴力指的是经常发生的、严重的殴打、伤害等行为；

极严重的家庭暴力指的是造成严重后果的殴打、伤害等行为。

③应对家庭暴力的建议与措施。

首先，制止家庭暴力需要社会各界的共同重视。执法部门通力合作，加大打击力度；整合其他社会力量，切实救助受家暴者。此外还要及时查处家暴案件，加强部门协作。公检法等部门要加强沟通协调，建立工作联动机制，畅通受害人投诉渠道，及时发现、受理、查处家暴案件，切实保护受害人合法权益。

其次，要大力开展相关宣传教育活动。加强普法教育，增强法律意识；开展各种有益的活动，营造杜绝家暴的良好氛围，让社会大众意识到家暴的危害及影响，转变对家暴的态度与看法。

最后，制止家庭暴力需要端正人们的认识。教育人们走出对家庭暴力认识的误区，教育女性改变传统观念。传统观念认为家暴是家务事不应该被外人干涉、家暴是靠教育和惩罚就能制止的可有可无的小事、为孩子着想委曲求全继续维持这样的婚姻、避免孩子无端受到牵连，根深蒂固的错误理念都是遏止、消除家暴的障碍。

另外，儿童作为未来的希望，树立正确的反家暴意识也是至关重要的，从小让孩子知道，如何正确应对和发声。对于男性而言，应该学习反家暴法。对于那些遭受家暴的女性，应学会如何拿起法律的武器保护自己。

预防和制止家庭暴力的几点建议：重视婚后第一次暴力事件——家暴只会越演越烈，不制止只会带来无休止的伤害；积极寻求律师、妇联等帮助；树立证据意识——保留短信、邮件、聊天记录等；对婚姻作理智选择，切勿为了孩子而隐忍。

(2) 我俩又冷战了，该如何破局

在一个寒冷的冬夜，李明和妻子因为老人的事情发生了争吵，妻子搬到另一个卧室睡觉，连续两天都不愿意跟他说话。李明知道自己的态度让妻子很伤心，决定主动认错。

第三天晚上下班回到家，看着冷锅冷灶，李明心塞不已。他主动做了两个菜，坦诚地向妻子道歉，表达了自己的理解和忏悔。为了逗妻子开心，李明还将自己变成了"小奶狗"，开始撒娇、逗趣。妻子一开始还想生气，但她很快就被丈夫的举动逗笑了。在笑声中，他们重新找回了彼此之间的默契和温暖。

冷战是许多夫妻在矛盾冲突中常见的一种现象。双方陷入冷战，情感的交流就会中断，紧张的气氛逐渐弥漫，最终可能导致关系的破裂。这个故事告诉我们，夫妻之间发生冷战时，一方主动认错并改变态度，往往可以带来出乎意料的效果。

冷战可能不像打骂那样会给人带来直接的攻击和伤害，但经历过冷战的夫妻都知道，它会让双方感到尴尬和心理压抑。

冷战期间，虽然夫妻双方没有任何言语交流，但这种没有交流其实也是一种沟通方式——它拒绝了合理解决问题的机会，是一种极具破坏性的沟通方式。若夫妻习惯以冷战的方式化解矛盾，这绝不是一个好主意。所以，一定要放弃冷战思维，积极解决矛盾。

①找个有意义的地方沟通。无论冷战持续了多久，如果你希望改变这种紧张的关系，就必须进行沟通。当你们都冷静下来，心情平复之后，你可以主动提出谈话。而谈话的地点可以选择一些对你们来说具有特殊意义的地方，比如你们第一次约会的餐厅，或者他向你求婚的山顶等。在这些地方，你们可以回忆起曾经的温馨时刻，更容易打开心扉，进行愉快而真诚的对话。这样的交谈有助于化解矛盾，增进彼此的理解和感情。

②多做自我批评。当你和爱人冷战时，多做自我批评是一个非常明智的选择。无论矛盾的起因是什么，指责对方很容易使情况变得更糟。相反，冷静下来后，从自身出发，认真思考自己的不足和错误，多做自我批评，这样有助于缓解紧张的关系。

当你进行自我批评时，表示你愿意承担责任，并展示出成熟和理智的态度。这会让伴侣感受到你的诚意和努力，从而更容易打开心扉，共同解决问题。

此外，自我批评还可以帮助你更好地了解自己，发现自己的盲点和不足之处。通过反思和改进，你可以变得更加成熟、理解和包容，这对夫妻关系的和谐发展非常有益。

③不要辱骂、侮辱对方。在夫妻冷战中，一旦情绪激动，很容易说出一些伤人的话，而这些话一旦说出口，就很难收回。因此，在争吵时，一定要学会控制自己的情绪，尽量避免使用攻击性或侮辱性的言语。如果真的发生了冲突，也要及时道歉和修复关系。我们可以采用一些缓和的方式来缓解紧张的氛围，比如给对方一个拥抱、说一些温暖的话或者一起做一些愉快的事情。

④先低头。有时候，先低头并不代表你就是错的那方。常言道，能一起度过那么多岁月，都是上辈子修来的缘分。如果你真心想要维持这段感情，总得有个人勇敢地踏出第一步。你知道吗？主动做出的决定，总比被动接受来得更有滋味。往往当你先低头，展现出你的大度和善意，对方也会因此而有了回旋的余地。这样，夫妻间的冷战就能更快地得到解决。

⑤寻找妥协的空间。在解决夫妻冷战的过程中，寻找妥协的空间是至关重要的。双方都有意愿做出让步，这是关系和谐的前提。

在寻找解决问题的方法时，我们需要主动寻找可以妥协的点。让步并不意味着认输，而是为了维护夫妻关系的和谐稳定。通过相互妥协，我们可以找到双方都能接受的解决方案，从而化解冷战，重新建立良好的沟通。

妥协是一种成熟的表现，它需要我们放下自己的固执和成见，站在对方的角度思考问题。通过相互理解和宽容，我们可以化解矛盾，重建信任，让夫妻关系更加稳固。

冷战时，双方都抹不开面子和对方先说话。这时，可以制造一些"意外"事件来给他接近你的机会，比如，切菜不小心切到手了，需要贴创可贴，等等。事实证明，这些招数都很管用哦。

夫妻冷战是许多伴侣都曾面临过的问题，但只要双方愿意，按照上述五个小技巧去做，这个问题其实很容易解决。

(3) 婚姻中的背叛是一辈子的心结

周女士和老公结婚16年，生了两个孩子，大儿子14岁，小儿子10岁。老公是周女士的初恋，婚前婚后对她都很好，她也完全信任他。女同事们私下里常说，十个男人九个坏。她却说，我老公就是剩下的那一个，我一直觉得他和别人不一样。但事实证明，周女士太自信了。

5月的一天，老公骗周女士去出差，实际上是跟情人出去吃喝玩乐，周女士发现了端倪，但他隐瞒得很好。后来，她从小姑子那里了解到，其实老公早在3年前就出轨了，小姑子知道后，让他跟情人断了关系。他表面答应，其实根本没断，只是更隐秘了。

周女士无法接受这件事,也不知道怎么跟老公开口。现在这样,至少能维持表面的平静,一旦将事情捅开了,很多东西就无法回到从前。周女士有自己的工作,也有能力离开老公,但看到一个好好的家庭被搞得四分五裂,不知道该怎样面对。

遭遇丈夫背叛,很多妻子都会陷入两难的境地。我们必须承认:婚姻中任何一方的出轨背叛,都是很难被接受和谅解的,属于既闯红灯又倒车的严重危险驾驶行为!不可否认,婚姻生活会遇到各种各样的困难与无奈,像鸡毛蒜皮的庸俗和七年之痒的苍白等,都是对两个人的挑战,但无论如何,那都是家庭内部的矛盾。

一旦出现了一方的背叛,夫妻之间的根基就失去了,家庭也会摇摇欲坠。如果我们想要幸福稳定的婚姻,就别无选择,必须对爱忠诚。

现在,我们来分析一下婚内出轨的三种基本情况:

①生性贪婪好色。

②被逼无奈或者一时糊涂。

③在婚姻生活中,身体或者心理的正常需求长期没有被满足,两口子的婚姻质量已经非常低。

当然,婚外情的发生,不分男女,和夫妻双方真实需求的不满足有关。

婚外情发生的深层原因是这段婚姻本身不幸福！也许是因为走到一起的基础本来就不牢固，也许是双方或者其中一方在个性、互动模式、价值观、安全感等方面存在缺陷，需要对方关注和弥补。但是，这种需求长期没有得到满足，导致彼此不满和冷漠，控制与反控制，结果争斗不断，夫妻之间筑起冰冷怨恨的"城墙"，离幸福越来越远了。虽然没有分开，但是已经潜伏了诸多不满和压抑，有不少人选择了忍受和麻木，也有不少人，因为不甘心，而选择了背叛婚姻。

如果有一天，曾经与你山盟海誓、恩爱有加的那个人背叛了你，怎么办呢？你当然可以大吵大闹、撕破脸面，不就是鱼死网破吗？但是，这种做法等于自毁长城。

首先你要明白：遭遇婚内背叛，并不是人生的末日，它只是一种痛苦的提醒，是来帮助我们成长的。这种感情中的痛苦，很可能是一种特殊的试金石。只有直面痛苦的火，才能把自己淬炼得更加优秀。

①第一时间努力停顿一下。刚发现时，无辜的一方肯定觉得天塌地陷，世界崩盘了，但是，越是在这种情况下，越要避免应激反应，不要撕破脸去哭闹和打斗，可以通过深呼吸、紧急按下暂停键来保持清醒，不能做出过激行为来寻求所谓的报复，这只会害人害己。

②核实并理顺。你听到的甚至见到的,不一定是真相,在情绪平复的基础上,可以多方核实,并努力回顾一下自己的婚姻历程,想想你为对方做过什么,对方又为你做过什么,婚姻对你的情感分量,以及现实生活中你对婚姻的依赖性,这有助于你正确地决策。

③消化和平衡激烈的负面感受与情绪。发现爱人背叛,可想而知是灾难性的,是对当事人的摧毁性打击。但是,真遇到了这种情况,再难也要鼓起最大的勇气面对。这种情况下,要想有一个好的情绪整理,就要学会抽离,学会第三只眼睛看自己,或许我们需要找闺蜜倾诉,或者一个人跑到大自然把自己的情绪安放好,请相信,自己的情绪是有出口的。

④明确自己的底线。搞清楚对方是否真心悔改,明确告知对方自己的底线。最好能面对面沟通,把各种利害关系呈现给对方,让他思考和做出选择。在这个过程中,重要的是清楚自己的立场。

⑤果断做出决策。如果伤及自己做人的底线,如果确定无法挽回,那么就要斩钉截铁地分开,这时候需要考虑的只是离婚后你的损失如何、生活有没有保障、能否独自抚养孩子、独自面对创伤等问题。如果自己有足够的方向和规划,并且是可以照顾自己,离开后,依然对爱、对男人充满希望,可以选择离婚。

⑥婚姻重建。如果彼此选择了原谅和接纳，积极去创造和建设爱，积极营造家庭氛围，最终修复情感。两人都要多些肯定和鼓励的语言，多为对方做一些服务的行动、共同度过高质量的时光、准备精心的礼物以及增进性的亲密等，主动去创造和让对方感受到爱。记住，这不是低三下四，不是为了犯错的对方，而是为了成就自己，为了给爱一次机会，让自己在这段关系中不留遗憾。

常言道，人生不如意事，十之八九。很多事情发生了，纵然千般不愿，万般痛苦，我们也只有接纳、面对、振作，重新开始。行动是治愈一切的良药，时间是改变一切的良方。当有一天，你变得更优秀、更坚强、更懂爱的时候，你会感谢今天自己所做的正确选择。

（4）离婚不是结束而是开始

在上海，来自河北的大男孩邂逅了美丽的江西女孩。他们相识相恋，感情愈发稳定，后来两人领证结婚，婚后不久女孩就怀孕了。为了给孩子创造一个更好的成长环境，两人决定等孩子出生后将孩子留在河北老家给母亲照顾。

但这段美好的感情并不是一帆风顺，在之后的日子里，不断上演经济纷争。男孩坚信婚后夫妻应共同承担经济责任，但女孩多次偷偷地将个人收入汇给了丈母娘。男孩对此表示不满，女孩却不以为意。尤其是孩子出生后，家里花销增加，女孩依然每月都给自己的母亲汇钱，数额还不小，多次引发了两人激烈的争吵。

男孩觉得女孩不顾自己的小家和孩子，女孩则觉得自己给父母钱天经地义。在这个问题上，两人争吵不断，后来女孩主动提出了离婚，之后回到了江西老家。

女孩离去后，男孩陷入了矛盾和痛苦中，开始反思这段"婚姻"，对当初结婚的决定产生了深深的后悔，甚至逐渐形成了一种"恐婚"的心理。

这个故事充分展现了现代年轻人在婚姻和经济能力面前的纠结和迷茫，它警示我们，婚姻不仅是甜言蜜语，也是责任与信任。

在现实生活中，经常看到许多人因为各种原因轻易地选择离婚。离婚背后所引发的社会问题是巨大的，特别是对于女性来说，离婚后可能会面临更多的困难和挑战，如经济上的困境、子女的抚养问题等。拥有一个正常的婚姻对于女性的健康、美丽和快乐都非常重要。同样地，男性也不是失败婚姻家庭的赢家，他们也会遭受许多痛苦和损失。

无论是男性还是女性，离婚都会给双方带来很大的伤害。所以，我们非常有必要防患于未然。

首先，要明白离婚并不是解决问题的最佳方式。

当我们面对婚姻中的困难和挑战时，往往会感到无助和沮丧。然而，离婚并不能真正解决这些问题，反而可能导致更多的痛苦和后悔。相反，通过沟通、理解和包容，夫妻双方可以共同努力克服困难，找到解决问题的方法。

其次，防范自己不良的心理状态。

我们的心理和情感状况会直接影响我们对伴侣的选择和婚姻的发展。如果一个人心里乌云密布，满脑子的欲望、贪婪、憎恨，他就会选择一个有相同品性的人。要想改变这种状况，我们可以仔细观察和研究一下我们的婚恋对象，客观找到自己的影子，好与坏都要看清。然后有意识地改变自己，按照自己真正想做的人、想要的生活标准去"改造"自己。慢慢地，我们就会改变看人的角度与方法，并且会发现吸引我们的人也在变化，直到有一天，我们得到的就会是自己真正想要的。

婚姻是一种长期的承诺和责任，我们需要在结婚前认真考虑自己的心理和情感状况。在挑选伴侣时，挑选的是我们自己，或者准确来说，是那个"隐藏的自己"。因此，在选择伴侣时我们要客观认识自己的优点和缺点，并与对方进行充分地沟通，彼此了解。

最后，深刻认知"爱不是交易，爱是成长"。

每个人都想努力探寻人生的真谛，都渴望拥有美与幸福。

爱看起来是一种让我们瞬间就可以脱胎换骨、苦尽甘来的捷径，其实这基本是一种当事人的自我欺骗而已。没有别人给我们爱与幸福，只有自己不断成长，具备爱的能力才能获得幸福。今天的生活是很现实的，物质层面的压力或者欲望在深刻地改变着很多人。在考虑恋爱和婚姻关系时，有些人慢慢地习惯从个人的物质需求角度来评估，看自己如何能从中受益，这不是爱，是交易。

婚姻是一段长久的旅程，需要夫妻双方共同努力和付出才能维系幸福稳定。通过沟通、理解和包容，我们可以共同努力克服困难，建立一个健康稳定的家庭。同时，我们也要意识到自己的心理和情感状况对婚姻的影响，努力改变自己的心态和行为。最重要的是，我们要明白爱不是交易，爱是成长的过程。只有通过自己的努力和成长，才能够真正拥有幸福和美满的婚姻生活。

2. 六大幸福"加油站"

婚姻，是人生中一段美丽而神圣的旅程。在这段旅程中，我们需要不断地为爱情加油，让婚姻充满幸福和温暖。而要做到这一点，需要找到幸福的加油站。现在，就让我们一起来寻找吧。

(1) 常回家

家，是我们心灵的港湾，是我们最温暖的避风港。在这个世界上，没有什么比家更让人感到安心的地方了。然而，在忙碌的生活中，我们往往会忽略这个最重要的地方。我们为了事业拼搏，为了生活奔波，却忘记了给家人带来温暖和关爱。而常回家，正是我们为婚姻加油的第一步。

常回家，意味着我们要抽出时间陪伴家人，关心他们的生活和需求。无论我们在外面工作多么忙碌，都要记得时常给家里打个电话，问问家人的近况。这样，我们才能让家人感受到我们的关爱，让他知道我们始终在乎他们。

常回家，为家人分担一些家务劳动。在家庭生活中，男女平等是非常重要的。我们不能把所有的家务都推给妻子，而是要主动承担一部分。这样，我们才能让妻子感受到我们的关爱和支持，让她在家庭中感到幸福和满足。

常回家，多关注孩子的成长。孩子是家庭的未来，是我们生活的希望。我们要关心孩子的学习、生活和心理健康，给予他们足够的关爱和支持。只有这样，我们的孩子才能茁壮成长，成为我们家庭的骄傲。

常回家，珍惜与家人相处的时光。在家庭中，我们要学会倾听、理解和包容。我们要尊重家人的意见和选择，给予他们足够的信任和支持。同时，我们也要学会表达自己的情感和需求，让家人了解我们的内心世界。

常回家，学会感恩。我们要感谢家人为我们付出的一切，感谢他们在我们生活中的陪伴和支持。我们要珍惜与家人相处的每一刻，让这些美好的时光成为我们人生中最宝贵的财富。

当然，常回家并不意味着我们要放弃工作和事业。相反，我们要在家庭和事业之间找到一个平衡点，让家庭成为我们事业发展的动力和支持。只有这样，我们才能在婚姻中找到真正的幸福和满足。

(2) 下厨房

在这个快节奏的时代,我们常常在寻找人生的美味。其实,天下最好的美味就在家中,就在厨房——走进厨房,我们不仅能烹饪出美味佳肴,还能在这个过程中找到生活的浪漫与温情。

下厨房,看似是日常生活中琐碎的小事,却蕴含着无尽的爱意和关怀。在这个温馨的空间里,夫妻双方可以共同分享烹饪的乐趣,增进对彼此的了解,为婚姻注入新的活力。

首先,下厨房是一种情感的交流。在繁忙的生活中,夫妻双方往往因为工作、生活压力而忽略了彼此的情感需求。而下厨房则提供了一个独特的平台,让夫妻双方有机会放下手中的琐事,共同度过一段美好的时光。

其次,下厨房是一种责任的承担。在婚姻中,夫妻双方都需要承担起家庭的责任。而在下厨房的过程中,夫妻双方可以共同分担家务,培养责任感。当一方在忙碌的时候,另一方可以主动承担起下厨房的任务,让对方感受到家庭的温暖。这种责任的承担,不仅能够减轻对方的负担,还能够增进彼此之间的信任和依赖。

再次,下厨房是一种创新的尝试。在烹饪的过程中,夫妻双方可以尝试不同的食材、口味和烹饪方法,为家庭生活增添新的元素。这种创新的尝试,不仅能够丰富夫妻双方的生活,还能够激发彼此的创造力和想象力。在这个过程中，夫妻双方可以共同学习、成长，为婚姻注入新的活力。

最后，下厨房是一种爱的传递。在烹饪的过程中，夫妻双方可以为对方准备一顿美味的佳肴，表达自己的关爱和心意。这种爱的传递，不仅能够让夫妻双方感受到对方的关心和呵护，还能够为婚姻注入更多的甜蜜和温馨。

下厨房是一个被忽视的幸福婚姻加油站。在这个温馨的空间里，夫妻双方可以共同分享烹饪的乐趣，增进彼此的了解，为婚姻注入新的活力。让我们从现在开始，一起走进厨房，为婚姻加油吧！

在厨房，我们为心爱的人烹饪美食，感受着食材在手中变得生动起来。时间在炉火中慢慢流逝，我们的心也随之温暖起来。

(3) 送礼物

在浪漫的爱情中，礼物成为传达爱意、表达情感的一种方式。而在温馨的婚姻生活中，礼物同样承载着一份深深的情感。它不仅是一个物品，更象征着赠予者对另一半的关心与疼爱。通过送礼物，我们能让婚姻生活充满幸福与欢乐。

赠礼物的本质在于情感的交流。一份贴心的礼物能使伴侣感受到家的温暖和关爱。因此，挑选礼物时，我们需要从对方的角度出发,思考对方需要什么、喜欢什么。同时,我们也要将自己的情感融入礼物中,使礼物成为我们与伴侣间情感的桥梁。

那么夫妻之间适合送哪些礼物呢?

①纪念品:赠送具有纪念意义的礼物,如情侣杯、定制画像等,能让伴侣在每次使用时,都能感受到彼此的温暖和陪伴。

②实用性礼物:为伴侣挑选一些实用的礼物,如高品质的剃须刀、护肤品等,能让他们在日常生活中感受到我们的关爱。

③浪漫性礼物:赠送鲜花、巧克力等浪漫的礼物,能让伴侣在享受美食的同时,感受到甜蜜与浪漫。

一份好的礼物不仅能带给伴侣物质上的满足,更能传递出我们内心深处的情感。特别是在一些重要的纪念日,最好送对方一些有意义的礼物以示庆祝。比如,在结婚纪念日,我们可以挑选一件寓意深长的纪念品,将它作为爱情的见证,为婚姻生活创造美好的回忆。当伴侣生日时,我们也可以精心挑选一份生日礼物,让这个特殊的日子变得更加温馨与浪漫。

(4) 多赞美

赞美代表了对他人的肯定和鼓励。婚姻中的一些赞美和鼓励的行为,看似微不足道,却能给伴侣带来巨大的正能量和幸福感。那么如何才能做到多赞美伴侣呢?

首先,要善于发现伴侣的闪光点。每个人都有自己的优点和特长，关键在于我们要有一双善于发现的眼睛。当伴侣在工作中取得成绩、在生活中作出贡献时，我们都应该给予肯定和赞美。一句简单的"你真棒""我为你感到骄傲"就能让伴侣备感温暖和幸福。

其次，要在日常小事中给予肯定。婚姻生活中的点滴小事，都值得我们去关注和赞美。比如，当伴侣为我们做了一顿丰盛的晚餐或当我们为伴侣整理物件时，一句"谢谢""你真用心"就能让彼此感受到对方的付出和关爱。这种及时的赞美，也会激发伴侣更大的热情和动力，让婚姻生活更加美好。

除了口头的赞美，夫妻还可以通过其他方式来表达赞美和感激之情。比如，当伴侣在工作中遇到挫折时，我们可以给予安慰和支持；当伴侣在生活中需要帮助时，我们可以伸出援手。这些实际行动，都能让伴侣感受到我们的关爱和鼓励。

在婚姻中，赞美是一个重要的幸福加油站，它可以给予我们力量和支持。当我们学会欣赏和赞美伴侣时，就营造了一个积极的婚姻氛围，增强了婚姻的稳定性，并提升了婚姻的质量。

(5) 一起玩

在平淡的生活中，如何让爱情永不褪色，为婚姻幸福注入活力？有一个很实用的小妙招，那就是"一起玩"。那么如何保证夫妻能玩到一起，还能玩得好，玩得嗨呢？

首先,要建立共同玩的基础。这个共同基础包括双方共同的兴趣爱好、价值观和生活习惯。当两个人在这些问题上达成一致,就能建立起坚实的感情基础。共同的兴趣爱好让双方有更多的共同话题,有助于加深彼此的理解与沟通;共同的价值观和生活习惯则有助于解决日常生活中的分歧,让二人世界更加和谐幸福。

其次,共同参与各种活动,如打游戏、打篮球、逛公园等。这些活动不仅可以增强双方的沟通与互动,还能在共同参与的过程中增进彼此的感情。通过共同活动,我们会发现彼此的闪光点,感叹对方的才华与魅力,从而让爱情在相互欣赏中不断升华。

比如,婚后可以共同规划旅行,无论是浪漫的沙滩之行,还是刺激的探险之旅。在一起旅行的过程中,夫妻不仅可以共度美好时光,领略美丽的风景,还能增进感情、理解与信任,培养共同的兴趣,让婚姻生活充满欢乐与温馨。

最后,要包容对方的缺点。在"一起玩"的过程中,还要学会接受对方的"缺点"。每个人都有自己的个性与习惯,强求对方改变只会让婚姻充满矛盾。相反,尊重、理解和接纳对方的不足会让婚姻更加美满。当我们学会包容对方的小缺点,相互体谅,婚姻的道路上便多了一份和谐与美好。

"一起玩"是让婚姻保持活力的秘诀。通过共同参与活动,建立共同基础，接受对方的"缺点"，可以为婚姻幸福注入活力。愿每一对夫妻都能找到适合自己的"一起玩"的方式，为婚姻生活注入无尽的幸福与喜悦。

(6) 写情书

情书是用文字表达情感的信件。它可以是一张短短几行字的小纸条，也可以是一封长长的信件。无论字数多少，情书都是传递爱意和关怀的一种方式。

一纸情书，有时候可以让我们重新审视自己的婚姻。在文字中，我们可以倾诉对另一半的感激、爱与承诺。这种情感的流露可以让我们彼此更加了解、更加信任，让婚姻关系更加紧密。在表达爱意的过程中，我们也会发现彼此间更多的美好回忆，从而更加珍惜婚姻。

当然，在写情书时，需要注意一些技巧，以确保它们能够达到预期的效果。

首先，需要选择合适的时机。写情书的时机很重要，毕竟，你不会在吵架的时候给你的伴侣写一封充满爱意的信件吧？那样的话，你可能会被鞋子砸中。所以，选择一个浪漫的时刻，比如在一次浪漫的晚餐之后，或是在一个特殊的纪念日，写下你的真挚情感。

其次，要用一种优美的语言来表达我们的感受。毕竟，情书就是用来表达爱意的，如果我们用平淡无奇的语言来写，那它就不再是情书了，而是一封普通的信件。所以，让我们放飞自我，在字里行间展示我们的才华吧！用一些有诗意的词句，或是一些俏皮的比喻，来让伴侣感受到我们的爱意。

再次，还可以利用一些小技巧来提升情书的效果。比如，把香水喷在信纸上，这样在伴侣阅读时可以给他们带来一种愉悦的感觉。或是在信封上画一些可爱的图案，让他们在收到信时就感受到你的浪漫。

最后，在写情书的过程中，还可以对未来进行展望，也可以向另一半许下诺言，希望在未来的日子里一同去追求幸福和成长。同时，也可以祝福对方在未来的日子里事业有成、身体健康。这些美好的愿望和祝福将化作婚姻的养分，让我们的爱情之树茁壮成长。

情书不仅可以增加婚姻的幸福指数，还可以增进夫妻之间的沟通和理解。通过写情书，我们可以更好地表达自己的感受和需求，同时也可以更好地理解对方的内心世界。

所以，不要犹豫，拿起笔来写一封情书吧！结尾处不妨说上一句："亲爱的，感谢你陪我走过的每一天，感谢你带给我无尽的幸福与感动。我爱你，无论未来的路有多么崎岖，我都愿意牵着你的手一起走下去。愿我们的爱情如同情书般永恒，字字句句都充满真挚与温暖。"

婚姻驿站：
幸福婚姻的八项修炼

1. 性吸引力 + 情绪吸引力 = 婚姻"王炸"

(1) 和谐性爱的规律与修养

杜丽是一名"90后",她和老公是大学同学,毕业后不久就结婚了,婚后很快就有了小孩。

孩子出生后,杜丽辞去了工作,在家做起了全职太太。从那时候起,原来那个爱漂亮的杜丽就不见了,她整天围着孩子和老公转,衣着宽松,蓬头垢面,还总是埋怨家务太多……

老公经常加班,到家的时间很晚;杜丽却要哄孩子早早睡觉,有时候两人几天都见不上一面……慢慢地,杜丽发现,自己已经很久没有跟老公聊天、逛街了。更过分的是,孩子出生已经十个月,两人居然没在一起亲密过。

"难道生育真的是性生活的坟墓吗?"杜丽感到非常郁闷。

其实，老公很长时间不和她有性生活，不是因为对她没兴趣了，也不是因为在外面有人了，而是为了养家，拼命工作，每天都很累，可是回到家还要被老婆唠叨、被孩子的哭闹声打扰……他觉得自己身心疲累，有时候宁愿待在车里玩手机，也不想回家，更别提进行夫妻生活了。

婚姻就像湖面，有人搅动，才会出现波澜。

无性婚姻，是婚姻最大的痛。

对于不懂爱的人来说，婚姻生活有时候真的很残忍，甚至有些荒谬。你知道吗？各种来源的数据指出一个结果：在中国，有超过30%的婚姻是无性婚姻，也就是至少一个月内夫妻之间没有性生活。

不少女人悲哀地说："孩子有了，房子和钱都有了，爱却没了。"婚姻看似四平八稳，但是两个人之间却没有浪漫，没有激情，宽大的双人床冰冷孤单，这可如何是好？

一些相关调查显示，导致离婚率居高不下的原因中，有一个非常普遍却又含糊其词的说法——性格不合，这个词用了好多年，背后的潜台词其实是性生活不和谐！

我们必须要承认，男女之间的爱情是两性之间以情欲为基础的热烈情感。在两性之爱中，身体结合与精神愉悦相辅相成。所以，我们要站在爱的角度去解读"性"。和谐的性生活也是不可替代的情感基础，长期性饥渴，是会影响爱情质量的。

性爱有多层含义：在生物学方面，性爱是生命延续发展的唯一途径，一种与生俱来的本能；在心理学层面，性爱是生命的一种享乐，是为了补偿困苦而特有的，它能引发高潮，尽管短暂，却也炫目；在社会意义上，性爱是升华后的人际关系，没有任何人际关系能超越有性有爱的两个人。

所以，要承认一个事实：如果你是以自我为中心，以自己的私欲为目的，那么一切手段都无法使你得到真正的幸福；相反地，在婚姻关系中，无论你做什么事，都能以爱人的身心幸福为目的，并且发自内心去付出，那就会得到幸福。

那么，在婚姻中，如何拥有"性"福的生活呢？

首先，对性要有正确的认知。

性是一门科学，需要学习。性，不高深莫测，我们只把它当成一种正常又健康的生理需求即可。我们的身体是尊贵而美好的，夫妻之间的性爱是对身体的敬畏与珍惜，身体不是一种手段，而是一个目的，是爱的自然呈现。

夫妻之间，就男方而言，性生活满足，可使男性睾丸素的分泌量增加，加强身体肌肉的发达程度，提高骨髓的造血功能，也可让内心充实，表现得温存、体贴、爽朗。就女方而言，性生活满足，可使卵巢生理功能增强，月经正常，其皮肤可能更柔滑、更具光泽，充满幸福感，表现得特别温柔。

心理学家对于人的心理需求已有成熟的研究成果，最基本的需求包括：安全、自尊、自主性、连接关系。性是我们为了满足心理需求而产生的全身心战略性动作，而非自发形成的。虽然也有大部分言论表示"没有性不会死掉"，但这不能否认"性"是一种美好的存在。"性"能让人们感到快乐和健康。

其次，夫妻需要共同提升性修养。

为什么要把"性"看成是一种修养呢？因为，在日常生活中的夫妻，有一大部分人只是完成了肉体的结合，而没有上升到"灵性"的层面。心与心的契合，才是性和谐的关键。比如妻子抱怨丈夫说："你只给我一点点爱，却给了我许多性，而且还是那么蹩脚的性。"丈夫抱怨妻子："你不解风情，性冷淡。"这样的角色代入和性期待，将严重限制婚内性满足。因为这样的性爱不是发自内心的灵与肉的高度融合与交流，而变成了一种冰冷的责任、义务或要求，它必然严重限制或破坏婚姻中性关系的相互平衡。

要想获得美满的婚内性生活，取决于双方对性角色的理解和扮演的好坏程度。如果男方总以为性是男人的事，不顾女方的意愿而勉为其难，而女方则不愿意公开表达自己的向往或不满，彼此的角色扮演必将充满缺憾，这样的后果是可想而知的。如果女方把性爱仅当成一种义务，被动接受或痛苦迎合，这样夫妻双方在性爱方面一定是不和谐的。

所以，婚内性关系的调整、改善、和谐与美满不是自动出现的，而是需要经过双方的性修养不断磨合、理解、适应。有能力彼此相爱，性生活和谐美满，日常生活井然有序，家庭日益兴旺，这便是婚姻的意义所在，也是幸福的基础。

对着镜子检查一下自己的外貌、身材，问问自己还有性吸引力吗？和爱人一起，制订一份浪漫的魅力重建计划，甚至策划一次与众不同的甜蜜之旅。

(2) 日常如何增进亲密感

王蕊和丈夫相恋五年，最终走进了婚姻的殿堂。

丈夫想要个孩子，王蕊却不愿意，因为她觉得婚后的自己满腹委屈。比如，丈夫会送朋友花，送婆婆花，却从没有想过给她买束花。路过花店时，丈夫也会问她要不要。如果王蕊说不要，他就不送了，那个追求她时体贴入微的丈夫不见了。

王蕊生病住院，丈夫却在外面吃火锅、遛弯儿，过了饭点才去医院。王蕊质问他态度不好，他却理直气壮："我人都来了，你还有什么不满的。"

日常生活里，一周七天，丈夫有六天时间都跟朋友在外面吃饭喝酒，两人的沟通基本为零，一开口便是不满、争吵。

亲密感在日常生活中的缺席，是对爱人的忽视和爱的消失。

当一方不堪重负时，婚姻就会无奈散场。追求时捧着，结婚后晾着，忽视了亲密感的营造，是对婚姻的不负责任。在婚姻里，彼此善待，关系亲密，才是婚姻和谐长久的秘方。在婚后的生活中，夫妻之间如何通过一些亲密的举动来保持关系的和谐和幸福呢？

①记得随时随地给对方买个小礼物，传递小惊喜。礼物本身是否贵重不重要，关键是传递出"我喜欢你，我想着你"的信息，这是最重要的。这种小小的举动能够让对方感受到你的关心和爱意，增加彼此之间的亲密感。

②即便你很忙，也要记得通过电话、微信、短信等方式向对方问好、报平安。在忙碌的工作中，我们常常会忽略与伴侣的交流，但是一句简单的问候或者一条简短的信息都能够让对方感受到你的关心和在乎。这样的交流能够让夫妻之间的关系更加紧密，增加彼此之间的信任和安全感。

③妻子受委屈、有负面情绪时，丈夫一定要及时表达温暖的关爱和支持。也许什么话都不用说，只要用充满爱意的眼神望着对方，或者轻拍对方的肩膀，男人要是能给女人一个深深的拥抱，就更好了。在这个时候，丈夫的关怀和支持能给妻子带来安慰和力量，让她感受到你的支持和理解。

比如，妻子在工作中遇到了一些问题，回到家，表现得闷闷不乐。这时，丈夫可以给妻子一个温暖的拥抱，轻声说："亲爱的,我知道你现在很委屈,我在这里,你可以向我倾诉。"他的声音充满了关切和理解,让妻子感受到了他的支持。

妻子开始倾诉自己的遭遇,泪水在眼眶中打转。丈夫静静地倾听着,不时地点点头,给予她积极的回应。他用温暖的语言安慰妻子:"我相信你的能力,你的努力不会被忽视。这只是一个暂时的挫折,你一定能够克服它。"随后,丈夫为妻子准备了一杯热茶和一些点心,他知道妻子在情绪低落时需要一些小小的安慰。他陪妻子坐在一起,分享着点心,谈论着一些愉快的话题,试图转移她的注意力,让她的心情渐渐放松下来。

为了让妻子感到更加被支持,丈夫主动提出陪她一起做一些让她开心的事情。他们一起去看了一场喜剧电影,笑声和欢乐充满了整个夜晚。丈夫还鼓励妻子参加一些自己喜欢的活动,帮助她重新找回自信和快乐。

④平常多保持肢体接触。肢体接触是一种非常有效的沟通方式,它能够增加夫妻之间的亲密感和信任感。在散步的时候,夫妻可以并排走,手搭在对方肩膀或靠着对方,这样的亲密举动能够增加彼此之间的默契和亲密感。

⑤每天坚持发自内心地称赞对方,用言语或其他方式表达欣赏并感激对方。每个人都有自己的闪光点和优点,夫妻之间应该互相欣赏和赞美对方的长处。每天坚持发自内心地称赞对方,能够增加夫妻之间的亲密感和幸福感。

⑥不小心伤害到对方后，有勇气及时说"对不起，亲爱的"。在夫妻之间，难免会有摩擦和争吵的时候。当一方不小心伤害到对方时，有勇气及时道歉是非常重要的。只有勇于承认错误并道歉，才能够修复夫妻之间的关系，让彼此之间的感情更加牢固。

⑦爱对方的家人。婚姻不仅仅是两个人的事情，还涉及两个家庭的融合。夫妻之间应该互相尊重和关心对方的父母和家人，主动送礼物、表心意，多和对方的家人在一起。这样的行为能够增加夫妻之间的亲密感和家庭的幸福感。

⑧争取每天都创造两个人独处的时光。记住，你们是亲密爱人，只有密切接触，才能让爱生生不息。在忙碌的生活中，夫妻之间应该争取每天都有独处的时光，无论是一起接孩子、共同下厨房还是手拉手去公园散步。这样的亲密时刻能够增加夫妻之间的默契和亲密感，让彼此之间的爱情更加深厚。

在婚姻中，夫妻之间的亲密举动不仅仅是一种行为，更是一种情感的表达和沟通的方式。通过这些亲密的举动，夫妻之间能够增加彼此之间的了解和信任，让彼此之间的感情更加深厚和牢固。同时，这些亲密的举动也能够增加夫妻之间的幸福感和满足感，让婚姻生活更加美好和幸福。

(3) 情绪管理

小李和小王经常因为一些琐事吵架。妻子小李性格比较急躁，吵架时情绪容易变得非常激动，口不择言，说出来的话很伤人。小王虽然脾气温和，但每次听到妻子的话，也会气不打一处来。

小王意识到这样下去不是办法，决定和妻子好好谈一谈。他告诉妻子，吵架时，希望不要使用攻击性的语言。小李也意识到自己的问题。之后，虽然两人偶尔会发生争吵，但是妻子会注意控制自己的情绪，不再用伤人的话攻击丈夫。同样，丈夫也开始关心妻子的感受，尝试理解她的想法和立场。

当你无法胜任生活中的各种角色，抗拒或者否定其中的任何一部分，你的能量就会被卡住，就会憋出内伤。长时间如此，它会演变为身体上的一些紧张和疼痛，经过更长时间的积累，很可能会形成病变。而且，当你不允许能量流动，你也会无意识地培养出一些阻碍自己的信念或思想，它们会使你感到不自在，甚至会束缚你，从而让你在现实生活中陷入各种烦恼。

反之，通过学习与成长，你可以调适身心，允许能量通过自己的生命流动，你就会体验到身心合一的力量与价值感，创造自己的和谐"小宇宙"。

如果一个人无法掌握自己的情绪，无法让自己身心合一去寻找快乐之源，是无法改变或影响别人的。其实，让身边的人快乐起来只有一个办法——自己首先快乐起来，自己先改变。

保持良好情绪的三个指导原则：

第一，千万别抱怨。

作为一个成年人，千万别把婚姻的痛苦、失败的"锅"让无辜的人去背，遇到问题总是怪罪对方，这样永远解决不了问题。你遇见的每一个人、每一件事，其实都是自己的磁场吸引来的，说白了，是自己选择的结果。

第二，按规律办事。

所有的现象背后都有章可循，婚姻也有自己的生命周期和经营智慧。在婚姻生活中，两口子不但要有基本的岗位职责，还要懂得相处技巧。毕竟，经营婚姻也是一门技术活——爱情可以学，婚姻可以练，遵规守纪、爱岗敬业才是幸福的入场券。

第三，真正长大成人。

爱情和婚姻不是小孩子过家家的游戏。在爱情和婚姻中，我们需要展现出真正的成长和成熟，不能再像小孩子一样任性或者自私。我们需要学会承担责任，不仅是自己的责任，还有对伴侣和家庭的责任。

婚姻应该是彼此释放情感和表达自我的场所，而不是成为夫妻间发泄负面情绪的出气筒。许多问题的出现都是由于双方没有及时沟通、有效沟通而长期积累导致的结果。两个人长期相处，矛盾点一定很多，学会成年人解决问题的思维方式非常重要，要不断地内寻，自我反省和成长。因此，在婚姻中，双方应该学会相互理解、尊重和支持，积极沟通解决问题，让爱情在岁月的洗礼下愈发浓烈。

从人类演化角度，母亲是家庭的灵魂，母亲快乐全家快乐，母亲焦虑全家焦虑。这不是给女性加压，而是提醒我们：当步入婚姻生活后，与家务完美、小孩完美相比，自己的身心愉悦才是需要放在第一位的。

2. 掌握家庭财产是婚姻基本功

唐晓和丈夫结婚时，收入比丈夫低很多。后来，因为生孩子的缘故，她在家中赋闲了几年，管理着家中的财务。大到重要开支，小到孩子的奶粉尿布购买，全由她做主。虽然那几年唐晓没挣钱，但她有足够的安全感，也从没在婚姻里受过任何委屈。

孩子进入幼儿园后，唐晓再次参加工作，人也忙了起来，开始和丈夫一起管钱。他们每年都会做财务整理和规划，厘清每一笔钱的去向，控制不合理的花销，照顾到家中每一个人的需求。正因为一开始就把钱放到台面上来讲，所以两个人从来没有因为钱的事红过脸。

有句话说得好："结婚不比恋爱，它是整整几十年的柴米油盐，和无数个真实的磕碰聚集的地方。"成年人的婚姻，并不仅仅是爱情本身，还包含着物质基础。想要幸福长久，不仅需要感情的维系，更需要在金钱方面达成共识。

婚姻中，谈钱不是斤斤计较，而是对现实清醒的认知和对未来理性的规划。掌握家庭财产，是夫妻之间最大的体面。这样做，不仅能让家庭更有凝聚力，还能让婚姻走得更远。

英国一家著名的婚姻咨询公司做过一个调查，结果发现：情侣之间吵架拌嘴的原因60%与钱有关。由此可见，谈钱有时真的会伤感情。

但是，家庭的幸福往往离不开金钱的保障，如果一家子总是在需要用钱的时候才发现已经入不敷出，一定觉得生活比别人过得艰辛，时间一久，势必会影响婚姻的稳定和幸福。

一家人要想生活无忧，首先得做好财富规划，只有在该用钱的时候不愁钱，只有让自己家庭的小金库充盈起来，才能最大限度地维持家庭的稳固和平衡，才能在未来的婚姻生活中少一些争吵和困惑，多一份保障和安宁。

那么在平时的生活中，该如何聪明地谈钱呢？关键要把握好两点：

第一，必须把钱聊明白。

在现实中，很多婚姻问题，说到底还是钱的问题，钱的问题解决了，一些问题也就迎刃而解了。有的人不屑，也不好意思大方地谈钱，觉得谈钱等于"没感情"，等于"物质"。

其实，在钱这个问题上，没有什么不好意思的。特别是一些刚步入婚姻生活的年轻人，一定要学会谈钱——不但要想着赚钱，也要统一消费观，坦诚地谈钱。

"我们的赚钱能力在哪里？"
"各自赚钱的目标是什么？"
"每个人的消费观是怎样的？"
"平时要不要攒一些钱，生活与储蓄如何平衡？"
"如果有一个人暂时不能养家，那么另一方是否能够提供支持？又能支持到什么程度？"

第二，明确处理原则。

在涉及钱财的问题上，要事先明确一些处理原则。概括起来主要有三点：

一是谁来管理金钱。

二是两个人的收入放在同一个账户，还是放在不同账户？

三是家里的开销是从谁的账户里出？双方怎样出钱？

这看起来好像芝麻小事，但如果处理不当，很容易发生争吵。比如，男方有时候会抽烟喝酒或者打电子游戏，这都是要花一些钱的，对于这个问题，妻子怎么看？女人喜欢美容化妆，逛街买衣服，对此丈夫又怎样看呢？

用正确的方式去沟通、处理钱财的问题，会增进两人的亲密关系。毕竟，金钱是婚姻生活中很现实的一个层面，对金钱的看法与做法反映出我们的价值观——你的钱财在哪里，心就在哪里。

在涉及钱财问题上，夫妻最好约法三章：无论丈夫还是妻子，收入与支出一定要合理匹配，透明清晰；一方用钱超过一定额度时，要提前征得另一方的同意。有了这样的"规定"，大家就有了一个规矩，避免因为一些个人消费发生争吵。

财富的规划与日常管理，不仅能让小两口对家庭更有责任感，也让他们懂得并学会运用一些必要的理财手段来稳定和扩大自己的家庭积蓄，增加小家庭自身的抗风险能力。

所以，我们要一边谋生，一边谋爱，在市井的烟火生活中，只有钱包鼓鼓，内心才会富足。最后，让我们来了解一下罗斯柴尔德家族富贵的六大秘密吧：

①家族团结高于一切。

②勇于追求富足生活。

③和有影响力的人交往。

④信息是赚钱的法宝。

⑤控制盲目投资的冲动。

⑥在学习中与时俱进。

金钱是一种必需的资源，也是用来爱彼此的媒介，而不是要求对方证明爱的工具。归根到底，金钱是一个体现你爱对方，让世界更美好的好帮手。

3. 女人要哄，男人要给面子

夫妻之间的相处之道，充满了学问和智慧。仅靠感情是远远不够的，因为爱并不足以包容彼此的一切。只有采用正确的婚姻经营方式，才能把婚姻带进良性循环，比如，女人要哄，男人要给面子。

女人为何需要哄？因为女人会把从丈夫这里得到的爱，回馈给家庭、父母和孩子。也就是说，只要丈夫在她那里寄存很多爱，当她需要取出一部分爱来对待家庭成员时，就能取出来，回赠给家人。

李霞开着一家服装店，平时很忙，回家很晚，但她是个勤快人，只要一看见屋里乱，就会主动收拾。收拾完之后，她更希望得到老公的赞扬。但只要她一问："老公，你发现客厅变干净了吗?"老公就知道她的用意了,立刻回应:"我老婆最勤快了,快歇歇,剩下的事情我来做。"李霞感受到了老公的暖意,对他也更体贴了。

男人为何要给面子?丈夫都爱面子,尤其是妻子给自己的面子。只要妻子在外面给足他面子,回到家他肯定会特别感激。因为即使男人再爱女人,该有的自尊和底气也是不能随意被践踏的。嫌弃男人做得不好,只会让男人对婚姻失去信心。

看到郭涛离异多年,有人打算给他介绍对象,他说想找个善解人意的姑娘,要懂得给他留面子。因为他从没在前妻那里得到丈夫该有的尊严。他印象最深的一次是:两人吵架,前妻把他推出了家门,邻居正好出门,但前妻并未顾及他的颜面,反而把他的鞋子一起扔出来,并大骂:"给我滚,我再也不想见到你。"自那以后,他就觉得自己是个失败的男人,尤其见到邻居后,根本不知道怎样跟人家搭话。

不管多相爱的两个人,本质上仍然是两个独立的个体,两个人是在完全不同的生活环境和背景下长大的。即便你们的家庭出身相似,都住在同一个城市,可到头来彼此生活的环境仍然是不一样的。所以当面对这些不一样的时候,肯定会产生很多矛盾。

这些矛盾可能就是生活习惯、观念或是思维方式、行为方式的不同所致。有矛盾，就会有痛苦，而矛盾和痛苦是每一段亲密关系所必然要经历的过程。

那么如何管控分歧，化解生活中的一些矛盾呢？关键把握好三点：

● 求同存异，不要改造对方

所有的痛苦都来自大脑自以为是的思考，所有的喜悦都来自身心真实的感受。

很多爱情婚姻失败的原因，就是大家太想去改造对方了，刚认识的时候，怎么看怎么顺眼，待在一起久了"横挑鼻子竖挑眼"，丧失了对异性的欣赏与好奇心。我们要记住一点：男女之间本来就不同，再相爱的两个人也不可能完全相同，异性相吸，才是爱情存在的基础。那么，聪明人应该怎么做呢？做最好的自己，男人越来越能挣钱养家，为爱回家；女人越来越包容明理，让家温暖有爱。

记住：两个人谁也不是裁判，不要认为自己一定是对的，要学会接纳对方的差异，女人越来越尊重男人，男人越来越宠爱女人，在良性互动过程中，保有甚至绽放各自的美与力量，阴阳和谐，日子才能越过越滋润。

● 把握分寸，吵架要进退有度

一天晚上，两口子因为对某位钢琴家的看法不一，而开启了骂街打砸的吵架模式，而且疯狂折腾到夜里十一点，搞得整个单元的住户都胆战心惊。

夫妻在吵架时，一定要把握好一个原则：有退有进，拿捏好分寸。如果是在大庭广众之下，聪明的女人一定要懂得适时退让，合理解释，给足男人面子。事后，再心平气和地讲道理，甚至让犯错的男人罚站、罚钱、写保证书等，这样内外有别的处理方式，是不是比在外人面前撕破脸，要好得多？

相爱的男女相处久了，出现矛盾争执很正常，谁家锅台不碰炒勺？平常吵个小架、闹个情绪也不全是坏事。通过表达不满、分歧与意见，可以帮助双方了解彼此的感受和需求，进一步加深相互之间的理解和信任。但是，吵架如果不知道适可而止，则容易伤害感情、破坏信任关系，甚至会把争执扩大。

很多夫妻吵吵闹闹几十年，到老还是好姻缘，为什么？因为把握住了管控吵架的底层逻辑：不留积怨，尽快解决；不怨过去，不翻旧账；不实行性惩罚；吵架不当孩子面；绝对不能动拳头。

● 女人要哄，男人要给面子

男人好面子，"死要面子活受罪"，这一点，女人要牢记。如果他强你也强，非要拍桌子瞪眼，压制男人，逼得他不是破罐子破摔，就是气得抓狂生闷气，往往后果很严重。聪明的女人，是不会这么做的。

女人天生的优势就是以柔克刚，以退为进。简单粗暴地学男人夹枪带棒，实在不可取。况且，你在关键时候能退一步，让一分，既能维护他的面子，又能保全自己的形象，一举两得，何乐而不为？

当然，话说回来，女人是需要疼和宠的，会哄女人的男人才是高手，才有资格赢得爱情。所以，广大男同胞也要注意：你的女人你不好好疼爱，难道等着让别人疼吗？国际形势、经济发展、运动比赛，你当然可以关注，但是，你必须记住，最需要重视和关心的，只有你身边这个爱你的女人。有事没事的时候，多关心关心她，发个红包，送个礼物，说句甜言蜜语，回到家给个温暖的拥抱，把自己的女人哄得开开心心，这可是一个男人的基本素养。

在婚姻生活中，幸福男人的最高段位是：不战而屈人之兵。也就是说，平时要把自己的女人哄得开开心心，美滋滋的。你说，这架还吵得起来吗？

最后，送给大家有关幸福婚姻的五句话，赶快学起来吧！

"爱你，我相信你。"

"对不起，请原谅我。"

"辛苦了，谢谢你。"

"你真好，我支持你。"

"亲爱的，别怕，有我在。"

作为已婚人士，一定要明白一个道理：自己的日子自己过，自己的幸福自己做主！既然爱了，既然选择婚姻，既然走到一起，就应该多做些对方喜欢的事情，全心全意为幸福婚姻加油。

好好说话：夫妻之间的高品质沟通

夫妻关系是一种最亲密的人际关系，按说夫妻之间应该无话不谈，知无不言，不隐瞒、不夸大、不缩小。但有时也要讲究一些说话的艺术，如果太随便了，不讲方式，往往会伤害夫妻感情。

我们看看夫妻的不同对话方式：

男："我们去吃肯德基，怎么样？"

女："好啊。"

男："吃汉堡还是鸡腿？"

女："汉堡吧。"

男："那就要两个汉堡，薯条想吃吗？"

女："也有点想吃，你想吗？"

男："我也想，一会儿我先去占座，你去点餐。"

这样的对话就很轻松，一问一答间就把事情办了。

如果换一种沟通方式，吃饭这件小事就可能跑偏，比如这样：

男："吃肯德基，行吗？"

女："我不爱吃洋快餐，你就不能换个口味？"

男："那你说吃什么，每次都让我说，说了你还不同意。"

女："你是我老公，连我爱吃什么都不知道，我还有什么可说的？"

男："那我爱吃什么你知道吗？凭什么每次都得依着你？"

这样的沟通，显然已经把两人的亲密度降低了，言语中有了不和谐的味道。

再比如：

男："吃肯德基吧？"

女："你故意到肯德基门口才说，不吃这个吃什么？"

男："到底吃还是不吃呢？"

女："你都说了要吃，我能说什么？"

男："那就吃，别那么多废话。"

女："你才是废话，每次都是你做决定，真自私。"

男:"你真是不可理喻,我难道没问你吗?你才自私。"

看看,这样的对话,每句话后面都跟着疑问、指责、批判,两个人最终耷拉着脸吃完这顿饭,这饭吃得满满负能量。

很多夫妻之间的纷争,其实都是由于不会说话引起的。典型的就是彼此挑对方的毛病:言语带刺,频繁指责,试图改变对方。

在很多妻子的观念中,认为对待丈夫就应该这样。而丈夫则认为,妻子本可以好好说话,不应该这样对自己。如此一来,双方都想试着改变对方,让对方成为符合自己预期的"理想版本",结果把原本美好的关系搞得很糟。

最后,两个人甚至都不再说话,因为一开口,争执就开始了,并且总是说一些老掉牙的问题,双方似乎都没有改变的余地。反正已经争论过无数回,每次的结局都是一样,他们已经对彼此失望透顶。如果你了解人性,你就会发现,想要改变一个人是很困难的事。

那如何改变这种局面呢?

● 改变自说自话的毛病,要看到自己的问题

有一对夫妻,他们从恋爱到离婚经历了五年。这五年里,他们既度过了美好的时光,也经历了无数次的争吵。无论是婚前还是婚后,他们都会因为一些小事而发生争执,比如苹果削

皮还是不削皮、房子买在三楼还是一楼，就连牙刷头朝上放还是朝下放这样的小事都会引起他们的大呼小叫和争吵不休。

一开始，夫妻以"打是亲，骂是爱"来宽慰自己，认为吵架是正常的。然而，随着时间的推移，他们发现吵架已经成为一种习惯，几乎无法心平气和地交流。直到第五个年头，双方都忍无可忍，最终在离婚协议书上签字。这让人感到无比惋惜。

事实上，这对夫妻并没有经历严重的家庭危机或剧烈的价值观冲突，甚至彼此的性格和脾气相当合拍。平日里，他们总是以各自嘴上功夫了得而自居，认为争吵之下，只有赢了对方才算强大。然而，他们没有意识到，在这样日复一日的争吵中，婚姻的雷早已埋下。如果夫妻学会站在对方立场和感受上沟通，主动认识到自己的问题，沟通就会顺畅和容易很多。

● 吵架顶嘴但不记仇

俗话说："两口子不记仇，叮叮当当到白头。"夫妻长期生活在一起，难免会有磕磕碰碰，吵架是很正常的。如果夫妻能够就事论事地进行争吵，这是健康的。因为可以从彼此的发声中找到两个人共同的问题。但是，绝不能上升到人身攻击，不要使用侮辱性的言辞，更不能连累对方的家人，否则就会演变成暴力事件：从言语暴力升级为肢体暴力，这对于两性相处是非常有害的。

有一种说法：人 80% 的疾病源自心理，而心理问题的核心又在家庭。如果家庭中经常发生小吵大闹或者冷暴力的情况，成员之间变得生疏漠然，都会对家庭成员的身心健康产生负面影响。

● 说话要走心，展现共情能力

幸福婚姻中的夫妻懂得一件事情，多赞美，多感谢，说话要走心。什么话走心？共情的话。共情的话很难说吗？是的，不容易。因为它并不属于我们原本语言系统的一部分，没有谁天生会说共情的话。要自然流利地说出这种新式语言，绝对是个技术活，每个人都需要刻意练习。

沟通只是为了澄清和了解事情的真实状况，为了增进两个人的信任与亲密度。

沟通时要清晰客观：我看到、我听说、我觉得、我认为等，这只是表达自己；如果你爱另一个人，就要敞开心扉地与对方确认："你也看到了吗？你同意我的看法吗？"如果对方同意你的看法，两个人的认知达成一致，这很好，但并不代表你们就是正确的，这只是说明你们的观点一致而已；如果对方有不同意见，并不意味着对方对你的否定，也不表明你是错误的，这只是说明你们两个人对这件事情的看法不一致而已。

每个人都能从心里意识到应该改变自己去适应对方、去爱对方，并且用正向的语言和行动表现出来，这就是进步。而这种进步，每天不要多，一点点即可，天长地久也会汇成一股非常壮观的幸福洪流。

当女人学会夸奖男人，男人学会赞美女人的时候，就是为婚姻加码和助力的开始。

4. 做全职主妇有风险吗

郭霞是个地地道道的上海姑娘，家庭条件不错，为了培养她，父母投入了很大的精力和财力。她也很争气，顺利考入了985高校，后来与大学同学相恋并结婚。

老公做事有规划，工作也努力，职位节节攀升，收入也不断增加。婚后第三年，郭霞怀孕了，为了更好地备孕，她暂停了自己的工作。

孩子顺利出生，为了更好地照看孩子，郭霞又辞掉了原来的工作。后来，二胎出生，她就更打消了工作的念头，一心一意在家里照顾孩子，同时关照丈夫的起居。

孩子渐渐长大，陆续进入了学校，但看着没有孩子打闹的房间，她却觉得空荡荡的，找不到存在感。她想找份工作，补贴家用，毕竟两个孩子很费钱。但要命的是，做全职主妇这十来年，她已经丢掉了曾经的学业、工作和激情，只会围着家庭和孩子转。

曾经活得非常骄傲的校花、职场新星，现在却变成了家庭主妇。如果你也是一名已婚女性，而且是全职太太，你是否从中看到了自己的影子？

很多女性都有这样的感觉：全职主妇真是难啊，简直一言难尽！全职主妇需要考虑如何管理家庭预算、照顾家人、维护家庭和谐等多方面的问题，其实，何止这些，更多人会感到压力、疲劳、无助等，可见，做一个称职的全职主妇也不是一件容易的事。

早在2017年，热播电视剧《我的前半生》就已经将现代女性的"独立自主"与"嫁人奉献"的矛盾残酷地呈现了出来。

这部剧将"我养你"的深坑、全职主妇的悲剧、独立自强女性逆袭的励志结合在一起，熬制了一碗"靠男人危险，靠自己保险"的扎心鸡汤。

时至今日，很多微商、美妆品牌为了吸引宝妈们成为销售团队成员，依然在朋友圈、社交媒体狂轰滥炸，乐此不疲地强调：家庭主妇是世界上最危险的职业，女人只有财务自由，才有出头之日。

于是，问题来了：全职主妇真的是高危职业吗？一个女人，在创业挣钱和相夫教子两个选项面前，真的必须二选一吗？可以肯定，这些问题没有标准答案。

在现实中，创业打拼、孤军奋战的女性，有成功的，也有失败的；有活得精彩幸福的，也有憋屈痛苦的。同样，世界上有不少全职主妇怨天尤人，家里家外全线溃败，活成了怨妇；也有无数全职主妇，一门心思相夫教子，夫贵妻荣，每天过得乐呵呵。所有的一切，只在于你自己的信念和选择，在于你创造价值的能力，在于你生命能量的绽放程度。

不要以为，做全职主妇就是在家搞卫生、做一日三餐、抚养孩子。抱持这种观念，很可能让你一直处于消极的状态中。时间久了，整个人自然会黯淡消沉，越活越狼狈，而且会把家里家外搞得一塌糊涂。

除了日常的家务事，全职主妇还需要具备良好的组织管理能力、沟通能力、财务管理能力、自我调节能力、教育子女的能力等。

不要天真地以为，相夫教子、负责家人衣食住行就比出去闯一番事业更容易！柴米油盐更能考验一个人的智慧与心性。一个全职主妇在婚姻家庭中统筹经营，在事业方面成就老公，用智慧与心血教育孩子，建设维护好家庭，这些事情怎么可以用"简单"来形容呢？一个优秀的"女主人"，是"家族中不可替代的价值创造者"，必然应该得到丈夫和整个家族的珍爱与尊敬！

关于"要不要做全职主妇""它是否危险""它是否会影响我的幸福"这样的问题，最好还是不要问别人，而要问问自己的内心：你到底想要什么，你到底能要什么。再就是，你要对自己有一个客观、全面的评估：我有怎样的能力，与我能力相匹配的生活是怎样的？

当这些问题想通了，相信，你不再会为"要不要做家庭主妇"而纠结。不管做不做全职主妇，你都要自信、自强。这是一个美好的时代，作为女性，你可以全力以赴奋斗，追求鲜花和掌声；你也可以相夫教子，享受岁月静好。只要爱你所爱，无怨无悔，你就一定能得到你想要的幸福。

一个好太太的样子，必须是一成不变的吗？当然不。你愿意洗衣做饭，随你；你愿意挣钱养家，随你。只要你开心，只要你在为自己、为家人，付出自己想付出的一切，你就是好太太。

5. 如何与父母舒服相处

一直勤俭持家的婆婆，看到儿媳总是网购，在儿媳拆快递时，不禁好奇地问道："这多少钱啊？"

如果价格超出她的预期，婆婆可能会开始唠叨，语气中充满责备："总是买这些没用的东西，钱要花在该花的地方，别总是这么浪费。"

儿媳听了，心里自然会觉得委屈，心想："我用自己的钱买我需要的东西，你管那么多干吗？难道因为你以前穷怕了，我就得跟着你过苦日子吗？"她越想越觉得生气，可能会说出一些顶撞婆婆的话，导致婆媳矛盾瞬间爆发。

在中国传统的家庭中，婆媳关系一直都是一个比较敏感的话题，而且被认为是一个难以解决的问题。那么在一个家庭中，该如何做到孝老，拥有幸福的婚姻生活呢？

①理顺与公婆、岳父母之间的关系。在现实中，由于两代人价值观的不同，经常会导致婆婆和儿媳在为人处世、待人接物、消费观念等方面存在差异，如果她们不能正确看待这些差异，就容易产生误解和冲突。

在上述案例中，只要双方做到尊重彼此的生活方式和消费观念，就会少一些类似的矛盾。表现在日常生活中，就是婆婆应该理解儿媳有自己的消费需求，儿媳也应该尊重婆婆的意见和担忧。另外，虽然是一家人，相互之间也应保持一定的独立性，不要过多地参与对方的生活，遇到问题，多换位思考，增进彼此的理解和包容。

婚姻，实际上是两个家庭的交汇。许多女性在婚后无法妥善处理婆媳关系，甚至与夫家的亲属关系紧张，这其实都是缺乏有效处理家庭问题能力的表现。婚姻对于一个女人来说，应该是一门需要学习的课程，如何与公婆和睦相处，男人也应该学会如何正确对待岳父母。只有当我们拥有这样的心理准备，才能让婚姻更加安稳和谐。

②发自内心地爱父母。很多情况下，我们会觉得父母的言行让我们感到不安或不舒服，但实际上这些言行只是反映出我们内心深处的感受和想法。如果我们能够从内心深处充满对父母的尊重、理解和爱，那么我们就会更容易接受他们的言行，

并更好地与他们相处。

我们与父母的关系就像一台投影仪与墙的关系。我们自己就是一台投影仪，当我们看到墙上写满"愤怒"与"烦"时，我们会以为那是墙上本来就有的字，却没有想到，那些字其实是从我们心中发出的。如果我们能在心中写满"欣赏"与"爱"，那墙上的字写满的同样是"欣赏"与"爱"。

③尽可能多地陪伴和关心父母。"世界上最遥远的距离莫过于我们坐在一起，你却在玩手机。"这是网上流传很广的一句话，当这句话成为现实时，多少显得残酷。不可否认，现代都市人工作忙碌，压力大，应酬多，所以不少子女平时以各种理由少与父母长辈见面，好不容易一起吃顿饭，却流于形式，对于眼巴巴盼望着和孩子见一面的父母长辈来说，这何其不是一种悲哀呢。

天下的父母都是一样的，只要孩子们生活得平安幸福，他们就心满意足了。所以，即使我们久久未能回家，未能与他们共享一顿餐桌上的时光，未能和他们轻松地聊聊天，他们也从未有过丝毫的怨言。然而，我们切记要把握时间尽孝，切莫让时间成为遗憾。

儿女孝敬父母是天经地义的事情，而孝敬不仅仅体现在为父母提供物质上的供养，更重要的是，要常常带着关爱与他们互动，关心他们的喜怒哀乐。无论我们身处何方，哪怕不能长期陪伴在父母身边，也要内心充满对长辈的敬爱之意，时刻保持与家的联系，每一次通话都要传递出微笑与轻松，多谈及他们所喜闻乐见的事，让父母深切感受到我们对他们的深情厚谊。

④照顾好父母的衣食起居。想要拥有美好的生活，想要属于自己的幸福，就要发自内心地孝敬父母，真心关爱家人。俗话说："父母是孩子的榜样"，我们做父母的如果能够在家里，在孩子的面前孝养长辈，以身作则，这就是最美好的"言传身教"。

其中，父母的衣食起居，一定要细心去照顾，一定要了解父母生活的习惯、爱好，以及身体健康的状况，真正无微不至地去照顾，让父母在生活起居上舒适方便，使父母的身体健康，这是孝敬父母的基本要求。

做到以上几点就算是尽孝道吗？还不行！

因为人在物质之外，还有情绪，还有爱好与心理感受，子女能够有智慧孝养父母的"心"，能够让父母常生欢喜心，远离忧愁烦恼，这样孝道的境界就更高了，正所谓"尽心尽性谓之孝"。

子曰："今之孝者，是谓能养。至于犬马，皆有能养，不敬，何以别乎？"孝敬父母不仅是饮食的问题，不仅是金钱的问题，还是你心中那份真正割舍不了的亲情、割舍不了的爱。

6. 夫妻合作养娃，不内耗

杜晓和老公结婚后，生了一对龙凤胎。为了照顾孩子，杜晓不仅辞掉了工作，还将婆婆接了过来。杜晓很忙，忙着给孩子喂奶、洗漱、换尿布、擦屁股、哄孩子，虽然有老人帮忙，她也觉得非常累。她希望老公能帮一点忙，让自己稍微轻松些。但老公每天早出晚归，在家的日子屈指可数，家务活也基本不插手，杜晓反而还得照顾老公的衣食起居，早上给他做饭，因为他觉得外面的早点不卫生。

对于这件事，杜晓倒没有怨言，因为她知道老公赚钱很辛苦。但为了孩子的健康生长，她还是跟老公说了很多次，让他有空就照顾一下孩子，跟孩子亲密一些。他却说，他也想陪孩子，但工作太忙，有心无力。可事实呢？空闲时间，他都在玩手机、打游戏，要不就是睡觉。同时，他还总是挑刺，说杜晓不会带孩子，嘴里各种不满。

杜晓感到很失望，丈夫却觉得她不可理喻："工作忙完，我就不能放松一下……"

现代社会"丧偶式育儿"越来越常见，在婚姻生活中没尽到父亲责任的男人越来越多。生娃之前，男人形容自己"父爱如山"，等孩子出生后却做起了甩手掌柜。难道男人就不用给孩子洗衣做饭、喂奶拍嗝、换尿布、做辅食吗？难道孩子的成长过程，不需要爸爸的参与吗？

让孩子感受到家庭是世界上最幸福的地方，是智慧的家庭之道！这样美妙的家庭情感，是父母赠予孩子最宝贵的礼物。

单亲家庭的孩子为什么容易出问题？关键是缺失父爱或母爱，很少体验到家庭的温暖，就像植物缺乏阳光一样，很容易枯萎。孩子在父母双全、有爱的家庭环境中成长，更加容易感到安全快乐，身心会更健康，学业和事业也更容易成功。

母亲代表生命，父亲代表世界，和谐连接才完满。作为父母，首先需要自我心态健康，自我负责，夫妻之间恩爱幸福是最好的教育背景。

如果父母从孕育孩子的时候就懂得爱的重要性，如果一个母亲清楚母亲这个角色的神圣性，如果一个父亲懂得父亲不可替代的责任，人性的关爱就能够贯穿孩子从出生到成长的全部历程，那么，这个孩子就会成为真正身心健康的人，成为一个内心有爱、有力量、善良的人。

生产和养育子女是结婚的目的之一，我们来到这个世界上能做的事情中最重要、最伟大的是用信心与爱心养育我们的子女。世间最美的礼物之一就是母爱，这是天下最无私、最神圣的爱，其他任何形式的感情如果和母爱放在一起，都会相形见绌。作为父亲，你可以平凡，但是必须有宽阔的胸怀和坚强的臂膀，你的言谈举止都在为孩子做榜样，所以，你要优秀！

在中国当下的家庭中，很多爸爸都在忙着赚钱，忙着应酬，很少能抽出时间陪孩子。但追溯中国的家庭教育史，历来重视父亲教育的地位和作用。古人用"天下无如父子亲"来描述父子关系的亲密程度，并将父亲的责任定义在一个"教"字上，要求父亲们教好孩子，使其行为规范化，合乎社会要求。

"养不教，父之过"强调了父亲在教育子女方面担当的责任，而"有其父必有其子"则强调了父亲的言行对孩子的影响之大。亲子娱乐节目《爸爸去哪儿了》之所以火起来，其中一个原因就是现在父亲在家庭教育中的缺失触动了很多人的心。

如果要问"什么是好丈夫"，辣妈会告诉你："好丈夫就是出门能挣钱，回家会做饭！想做魅力辣妈，在鼓起勇气要宝宝之前，一定要做老公的思想工作。老婆怀孕，考验男人！"好男人必须拿出高度的责任心，主动承担家务，体贴关心妻子，让妻子做一个幸福感超高的快乐孕妇，这样对宝宝的身心健康也好！

之后，奶爸要学会一些必修课，老婆就是"主考官"，宝宝就是"测评软件"，你不服都不行。对于即将升级做妈妈的妻子来说，你要恩威并重，软硬兼施给丈夫"洗脑"：懂得让老婆开心的丈夫才是合格的丈夫，积极做个好奶爸的男人才是好男人。

接下来，看看真实版的"奶爸修炼之旅"吧！

①怀孕前。两个人要理性商量经济、住房、工作、陪护等现实问题，不打无准备的仗才能赢。还有关于孕育宝宝的时机、两个人的健康状况、饮食、情绪调整等，都要做好准备！

在这个阶段，小两口需要真心暖真心，互相鼓励支持，互相提醒完善。即将扮演妈妈、爸爸的角色会带来喜悦和忐忑，也可能伴随焦虑和惶惑，这些都很正常。每家每户具体情况不同，只需要一个根本性的转变：从"我"快速融合转换成"我们"，我们是一对爱人，是一家人，我们将共同面对生活，共同孕育下一代，共同开创美好未来。

②怀孕中。确认怀孕了，准妈妈自己的身体保养、运动、营养、心理调适就自然而然了，还有胎教、产检等都要有规划，按程序一步一步进行。

从这个时候开始，有些准爸爸已经可以清晰感知家庭结构、夫妻相处模式等不可避免地发生了变化，他们会在初期的手足无措和积极过头之后，迅速适应新情况，努力去完成新任务。所以，准妈妈这时候的自我管理和科学引导孩儿他爸的水平就很关键了，你可以撒娇、可以耍赖、可以大义凛然、可以柔情似水，邀请这个男人和你一起经历这一切：一起去医院做产检给他机会忙前跑后、一起学习孕产知识、一起给宝宝做胎教、一起给宝宝购物、一起布置宝宝的独立小空间……需要他的地方多了，让他担起责任。

只有实实在在付出了心血，男人才看得到你的辛苦，他才有资格成为一个好爸爸。千万别听什么"怀孕是女人的事情，男子汉大丈夫要事业第一"等鬼话，平常总在家混着，偏偏这个时候要出去事业第一了，来得及吗？

从你确定怀孕开始，你就要让老公也进入"孕期"，引导他处处无微不至照顾你，要站在爱情试金石、优生优育、兴旺家族的角度来看待和处理问题。

实在没事做，就引导他虔诚地伏在自己的腹上聆听胎动，去感受小家伙在肚子里的颤动和顽皮。胎儿在妈妈肚子里喜欢听爸爸的声音，也会记住爸爸的声音。

③坐月子。女人十月怀胎，生下了小孩，这绝对是人生一件大事。孩子每分每秒在成长变化，爸爸妈妈也需要随时学习与孩子共同成长。

这个时候懂事的丈夫会努力陪老婆"坐月子",一次一次洗尿布、照顾老婆吃饭喝水、半夜起床调奶把尿,这个时候可不能含糊。

恰恰因为这份难熬的辛苦付出,尤其是两个人搀扶着,彼此见证分工合作的辛苦,这份同呼吸共命运的联手奋斗真的可以让爱情升华,让两个人情意更深更厚。在这个过程中,夫妻之间有时候会有一家人血浓于水的强烈感受。

"爸爸妈妈"不仅是名词,还是动词,是付出无数日夜的辛劳与无数艰难的自我蜕变、自我成长,才催生了真正意义上的爸爸妈妈。

世界上没有不劳而获的成功,更没有啥也不付出就能收获贤良儿女的便宜事。

7. 异地夫妻难在哪儿

王女士和丈夫结婚三年后,老公的公司突然决定,要把他调去邻省做小领导。

看到老公升职,王女士非常高兴,可是自己不愿意放弃现在的工作,不可能辞职跟着老公一起去外地工作,就有些犯难了。不过,她经过认真思考还是决定支持老公的事业。

从此,两人就开始了异地婚姻生活。

刚开始,只要不加班,老公每个周末都会回家,有点小别胜新婚的感觉。但后来事情慢慢变了,原本约定好每天的视频通话渐渐少了,老公回家的时间也变少了,总说自己很忙。

王女士有些不放心,开始悄悄调查老公,结果发现他和一个女同事走得很近,之后两人就发生了争吵,老公再三保证自己是清白的。

王女士将信将疑。考虑到老公没时间回来,她决定周末自己去外地看他,老公却有些为难,嫌她麻烦,之后他们争吵的次数越来越多。最后,老公居然提出了离婚,给出的理由是:"自从我们异地以后,你变得非常神经质,我实在受不了了!"

都说距离产生美,夫妻之间分开一天两天或一两个星期,的确会让彼此更加思念对方,从而增进感情。可夫妻分居太久,看不到家庭团聚的希望,很容易让人产生离婚的念头。

现代社会飞速发展,异地夫妻越来越多,问题出现时,如何挽救这段婚姻也就成了双方亟待解决的问题。

(1) 异地夫妻出现问题的原因

沟通不畅。由于距离远,双方很难保持日常的交流和沟通,对彼此的生活和情感缺乏了解和关心。这种情况长期下去,容易导致感情疏远和信任危机。

缺乏共同兴趣和爱好。两人分居两地,很难有共同的兴趣和活动,难以建立共同的生活目标和价值观,极容易对彼此的生活方式和价值观产生分歧和不理解。

出现第三者。双方不在同一个城市或国家,就会少了对彼此的关注和关心,使得第三者有机可乘。一旦出现第三者,就容易导致感情破裂,给婚姻带来危机。

家庭责任分配不均。异地夫妻,双方不能一起承担家庭责任,家庭关系会出现不和谐因子,引发家庭矛盾和冲突。

(2) 通过简单有效的方法维持感情

身处异地,感情不一定会随之减淡,异地夫妻完全可以通过一些简单而有效的方法来维系感情。

首先,学会表达。异地夫妻一般都非常想念对方,但有些人却不愿表达自己对彼此的爱,打完电话或视频通话后,想说的话仍然卡在喉咙里。其实,只要学会表达,加上个人的感受和期望,对方就能知道你是怎么想的,互相猜忌,只能消耗掉对彼此的感情。

其次,信任彼此。很多异地婚姻的瓦解,都源于信任的缺失。盲目地索取情感价值,会让两者逐渐远离,空间距离也会变成心灵的距离。如果你信任他,就不要采用截图定位、拍视频、发记录等查岗方式,否则只能给对方带来压力。

再次,多沟通,定期见面。即使工作再忙,每天都要坚持电话、视频沟通,与对方分享自己的生活和工作,不管是开心的、难过的、困难的,都应该说与对方听。如此,彼此的情感才不会疏离,更不会因不了解对方动向,而产生猜忌。此外,不管工作再忙,也要定期见面,如果他回不来,你完全可以过去。

最后，制订计划，一起努力。异地夫妻需要有共同的目标和规划，明确彼此未来的发展方向，更好地协作和支持对方，为实现共同目标而努力。同时，还要做好自己的本职工作，增加经济收入，为未来的生活打下坚实的基础。

异地夫妻面临着很多压力和挑战，但只要我们保持积极的态度并付诸行动，感情就不会淡，婚姻就不会瓦解。

8. "七年之痒"的成因与破解

有一段时间，丈夫经常很晚才回家，说是在公司加班，但小云无意中得知他是在朋友家打牌。她生气又失望，甚至想跟丈夫大吵一架，冷静下来后，她决定坐下来与丈夫好好谈谈。

那天晚上，小云一个人坐在客厅里等丈夫，后来困意袭来，她决定熬些汤。打开冰箱只剩下一副鸭架子，上面还残存着一些肉。小云安静地把鸭架剁好，煮成一锅鲜美的鸭架汤。丈夫回到家时，她察觉到他眼中的愧疚，却佯装不知，只是盛了一碗热腾腾的鸭架汤端到他面前。从那天以后，丈夫再没出去打牌了。

后来，小云说："那天晚上，我也在想老公宁愿在外面打牌也不愿回家的原因，自己真的尽到妻子的责任了吗？一个人的青春会溜走，两个人的爱情会变淡，婚姻的七年之痒真有那么可怕？熬那锅鸭架汤时我就已经彻底明白了，每段爱情都会由激情洋溢的'爱情麻辣烫'渐渐变成'食之无味，弃之可惜'的鸭架，而婚姻却是始终接纳的容器，让最初的美好和温暖一直都在。所以，我不再抱怨和迷茫，只是做好自己该做的一切，用时间和心思熬成一碗喷香营养的鸭架汤，正可以滋养细水长流的婚姻。"

小云对婚姻七年之痒的宽容与滋养给了我们很多启示。

婚姻的"七年之痒"，一直是个热门话题，也是一个无法回避的现实问题，很多人对此有着切肤之痛。相信，在步入婚姻之前，不少人深信：哪有什么"三年之痛""七年之痒"，都是庸人自扰罢了！

结果，被现实狠狠打脸，并不断见证着、思考着、感受着"三年之痛"和"七年之痒"给爱情和婚姻生活带来的挑战。

爱情三年为期，能走过三年，成为夫妻的情侣不多，故叫"三年之痛"。"七年之痒"是一种婚姻现象，意思是经热恋而结婚，婚姻进入第七个年头时，随着夫妻双方日渐熟悉与现实生活的层层束缚，浪漫与潇洒随着时间的流逝而日渐荒芜，这时候的婚姻开始进入一段平淡，甚至危险期。

其实，"七年之痒"只不过是婚姻生活发展过程中的衍生品而已，对于真正相爱并且懂得学习与成长的夫妻来说，"七年之痒"绝非不可逾越的障碍，它只是在提醒我们一件事，爱情需要随时呵护，婚姻需要用心经营。

无数婚姻在"七年之痒"时失败，通常是因为忽视了一个最基本的问题：几乎没有花时间和精力去好好"养育"婚姻，没有按照婚姻的周期特点来及时调整和应对。我们习惯于自欺欺人，把婚姻中的问题都看成是对方或婚姻本身的问题，而没有意识到是自己的问题，是可以学习和改变的问题。

小孟是同学中出了名的贤惠太太，结婚十多年了，与丈夫依然感情很好。然而，她也曾经迷茫过，当恋爱时的浪漫渐渐退却，婚后的生活变得平淡，婚姻似乎显得沉重而乏味。

婚后六七年，两人性格中的差异也渐渐显露出来。小孟喜欢文学和旅游，而丈夫则对文学不感兴趣，更喜欢上网或看财经节目。每次小孟提出旅游的建议，丈夫总是说旅游景点太拥挤，没什么好看的。

在现实生活中，很多类似的案例都折射出了人性的真相——我们习惯性地认为，婚姻出现问题，都是对方的错。如果不能放下傲慢，很难获得个人真正的成长，也很难真正改善婚姻的质量。生活是你自己的，请勇敢承担自己的责任。认为自己无所不知，无所不能，认为一切痛苦和失败都是别人的原因，如果一直停留在这个认知层面，那幸福只会越来越远。如何看待和思考那些事情，如何向内探寻，才是决定命运的关键。

所以,命运并不是从外面走进来的,而是从内部走出去的——婚姻发"痒"并不可怕,丧失感觉才悲哀。我们终究会懂得,平淡与陪伴才是爱情关系的常态,发展与变化才是婚姻生活的本质,任何人都需要面对这样的现实,放下那些不切实际的幻想和期待,接纳现实又不忘初心,尊重规律并且能协调应对,在动态调整中经营婚姻,不断为感情生活注入新的内容、添加新的活力、创造新的价值,如此,才能同步成长,让爱情保鲜,让婚姻稳定。

"七年之痒"只是婚姻生活中的一个正常阶段,对于懂爱、会爱,又善于"擒妖打怪"的高手来说,完全可以顺利通关,而学习与改变就是通关的那把珍贵的钥匙,不忘初心、爱岗敬业就是通关秘籍!

婚姻质量评价表

婚姻质量评价可以从多侧面了解当事者的婚姻状况及可能存在的问题和原因。该表共分为6个版块，15个条目，内容包括沟通与理解、尊重与支持、财务状况等方面，来了解你们婚姻中存在的问题和困扰。

一、基本信息

问题一： 您的年龄：

☐ 18岁以下　　　　☐ 18～25岁

☐ 26～35岁　　　　☐ 36～45岁

☐ 46岁以上

问题二： 您的性别：

☐ 男　　　　　　　☐ 女

问题三： 您的婚姻状况：

☐ 未婚　　　　　　☐ 已婚

☐ 分居　　　　　　☐ 离婚

二、测试项目及打分

1. 沟通与理解

问题四： 您与伴侣的沟通是否顺畅？

☐ 完全顺畅（5分）　　☐ 比较顺畅（4分）
☐ 一般（3分）　　　　☐ 不太顺畅（2分）
☐ 完全不顺畅（1分）

问题五： 您认为伴侣是否理解您？

☐ 完全理解（5分）　　☐ 比较理解（4分）
☐ 一般（3分）　　　　☐ 不太理解（2分）
☐ 完全不理解（1分）

8分以上：您的婚姻在沟通与理解方面表现良好。尽管可能存在一些小的障碍，但总体上沟通和理解是顺畅的。

5~8分：伴侣在沟通与理解方面需要进一步努力。可能需要加强沟通技巧或增进对伴侣的理解。

5分以下：沟通与理解方面存在较大的问题。建议寻求婚姻咨询或加强夫妻间的沟通训练。

2. 尊重与支持

问题六：您是否感受到伴侣的尊重？

☐ 是，经常（5分）　　☐ 是，有时（4分）

☐ 不确定（3分）　　　☐ 很少（2分）

☐ 从来没有（1分）

问题七：您在困难时刻是否得到伴侣的支持？

☐ 是，经常（5分）　　☐ 是，有时（4分）

☐ 不确定（3分）　　　☐ 很少（2分）

☐ 从来没有（1分）

10分：在您的婚姻中，尊重与支持非常明显。伴侣经常给予您尊重和支持，这是非常健康和稳定的婚姻关系。

7~9分：在这方面表现良好，但可能在一些特定情况或面对挑战时，需要更多的支持和尊重。

4~6分：夫妻可能需要加强尊重和支持。这可能涉及如何解决一些潜在的冲突或增强信任与支持的方法。

4分以下：尊重与支持方面存在较大的问题，建议深入探讨并解决这些问题，以维持健康的婚姻关系。

3. 财务状况

问题八： 您与伴侣的财务状况是否透明？

☐ 非常透明（5分）　　☐ 比较透明（4分）

☐ 一般（3分）　　　　☐ 不太透明（2分）

☐ 完全不透明（1分）

问题九： 您是否满意目前的财务状况？

☐ 非常满意（5分）　　☐ 比较满意（4分）

☐ 一般（3分）　　　　☐ 不太满意（2分）

☐ 非常不满意（1分）

10分：财务状况透明，双方对此满意。这是衡量健康和稳定的婚姻关系的重要方面。

6～9分：尽管存在一些不透明或不满，但总体上财务状况尚可。可能需要加强财务透明度或提高双方对财务的满意度。

6分以下：财务状况存在较大的问题，需要双方共同解决和改善。这可能涉及财务规划、沟通和决策等。

4. 性生活满意度

问题十：您对与伴侣的性生活满意吗？
- □ 非常满意（5分）
- □ 比较满意（4分）
- □ 一般（3分）
- □ 不太满意（2分）
- □ 非常不满意（1分）

问题十一：您与伴侣在性方面是否有良好的沟通和理解？
- □ 是，经常（5分）
- □ 是，有时（4分）
- □ 不确定（3分）
- □ 很少（2分）
- □ 从来没有（1分）

10分：性生活满意度高，这是健康和满意的婚姻关系的一个重要标志。

6~9分：尽管可能存在一些不满足感，但总体上性生活质量尚可。双方可以共同探讨和改善。

6分以下：性生活满意度低，可能需要双方共同寻找原因并采取措施改善。这可能涉及沟通、技巧或心理等因素。

5. 家庭责任与分工

问题十二：您与伴侣在家庭责任和分工上是否公平？

☐ 是，非常公平（5分）　　☐ 是，比较公平（4分）

☐ 不确定（3分）　　　　　☐ 不太公平（2分）

☐ 完全不公平（1分）

问题十三：您是否觉得与伴侣共同承担家庭责任是一种幸福？

☐ 完全同意（5分）　　☐ 比较同意（4分）

☐ 中立（3分）　　　　☐ 不太同意（2分）

☐ 完全不同意（1分）

10分：家庭责任和分工非常公平，这是稳定和满意的婚姻关系的另一个标志。

6～9分：可能存在一些不公平的情况，但总体上分工尚可。双方可以共同探讨和调整分工，以实现更公平的分担。

6分以下：家庭责任与分工存在较大的问题，需要双方共同努力解决，以确保婚姻关系的稳定和健康。

6. 亲密关系与支持

问题十四: 您是否感到与伴侣有深厚的情感纽带?

☐ 是,经常感受到(5分)

☐ 是,有时感受到(4分)

☐ 不确定(3分)

☐ 很少感受到(2分)

☐ 从来没有(1分)

问题十五: 在您需要的时候,伴侣是否总是在您身边提供支持?

☐ 是,总是支持我(5分)

☐ 是,大部分时间支持我(4分)

☐ 中立(3分)

☐ 很少支持我(2分)

☐ 从不支持我(1分)

10分:夫妻之间有深厚的情感纽带,能够为彼此提供强有力的支持。这是非常健康和稳定的婚姻关系的特点。

6~9分:可能存在一些疏远或缺乏支持的情况,但总体上关系仍然稳固。建议增强情感纽带和支持网络。

6分以下：亲密关系与支持方面存在较大问题，需要夫妻共同努力加强情感纽带和支持，以维护健康的婚姻关系。

总分评估

将以上各项的得分加起来，得到婚姻质量的总分。

总分在50分以上：表明婚姻质量非常高，各个方面都表现出色。

总分在40~50分：表明婚姻质量良好，但在某些方面可能还有提升空间。

总分在30~40分：表明婚姻质量一般，可能需要关注并努力改善某些方面。

总分在30分以下：表明婚姻质量较低，存在一定的危机。

请注意，这只是基于问卷调查的初步评估，实际情况可能更复杂。如果您对自己的婚姻质量有疑问或需要进一步的帮助，建议寻求专业的婚姻咨询或心理辅导。

幸福婚姻手账本

幸福到底是什么？
幸福就是春花、夏月、秋夜、冬雪，我与你的故事……
幸福婚姻中的美好瞬间都值得被记录……

幸福婚姻手账

婚恋时间轴

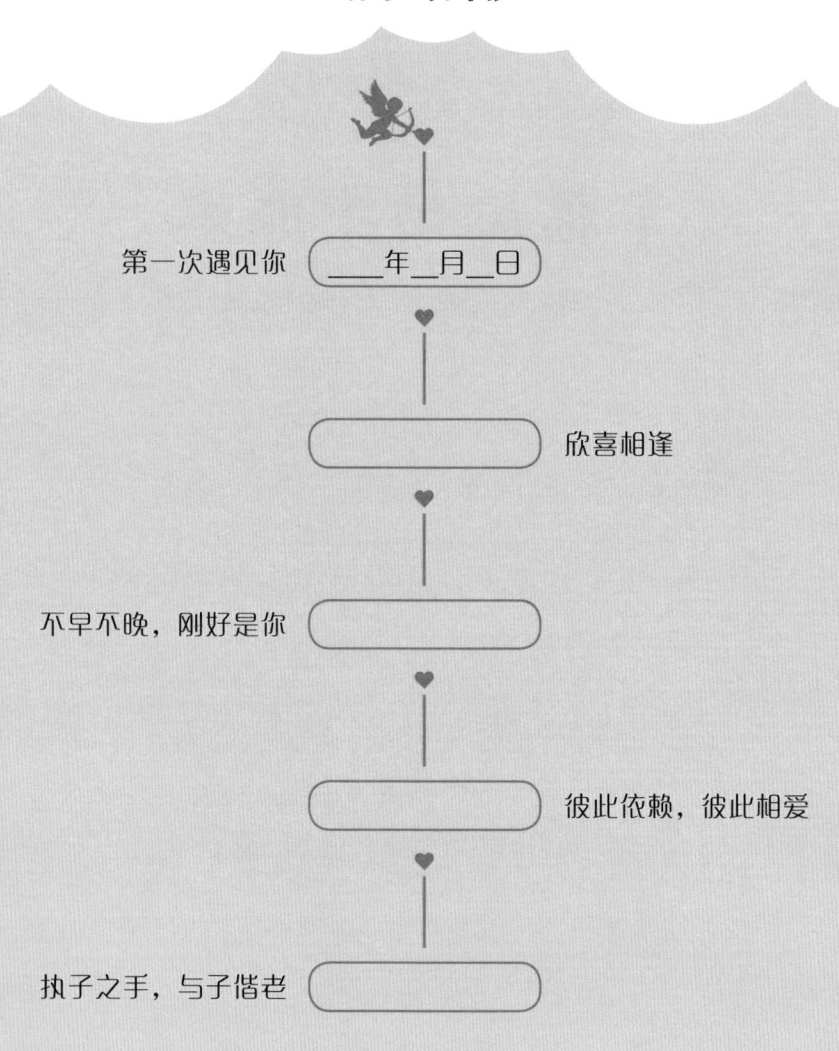

第一次遇见你　___年__月__日

欣喜相逢

不早不晚，刚好是你

彼此依赖，彼此相爱

执子之手，与子偕老

幸福婚姻手账本

重要纪念日

-
-
-
-
-
-
-
-
-
-

幸福婚姻手账

甜蜜时刻

幸福婚姻手账本

甜蜜时刻

挑战与困难

-
-
-
-
-
-
-
-
-
-

幸福婚姻手账本

财务记录

家庭财务管理

预算

DATE

复盘：

类别	内容	收入	支出	结余
总计				

幸福婚姻手账

愿望与目标

幸福婚姻手账本

成长与反思